Johannes Berchmans Göschl

DAS KIRCHENJAHR IM GREGORIANISCHEN CHORAL

Die Messgesänge von 50 Heiligenfesten

Johannes Berchmans Göschl

DAS KIRCHENJAHR IM GREGORIANISCHEN CHORAL

Die Messgesänge von 50 Heiligenfesten

eos

Umschlagsbild:
Miniatur aus dem Graduale von St. Katharinental, fol. 178v, um 1312
Zürich, Schweizerisches Nationalmuseum, LM 26117

ISBN 978-3-8306-8241-7

www.eos-books.com
mail@eos-books.com

Bibliografische Information der Deutschen Bibliothek
Die Deutsche Bibliothek verzeichnet diese Publikation
in der Deutschen Nationalbibliografie; detaillierte bibliografische Angaben
sind im Internet unter http://dnb.ddb.de abrufbar.

Balto Print, Vilnius
Printed in Lithuania

INHALT

VORWORT

Das vorliegende Buch versteht sich als Fortsetzung des 2022 im EOS-Verlag St. Ottilien in 2. Auflage erschienenen Buches „Das Kirchenjahr im Gregorianischen Choral – Die Messgesänge aller Sonn- und höchsten Festtage“. Diese Veröffentlichung bot einen Überblick über das Repertoire der gregorianischen Messgesänge der Sonntage und hohen Festtage des „Temporale“, zu deutsch: des „Herrenjahres“, dessen zwei Festkreise, der Osterfestkreis und der Weihnachtsfestkreis, zusammen mit den 33 oder 34 Sonntagen bzw. Wochen der „Zeit im Jahreskreis“ die Grundstruktur des Kirchenjahres ausmachen. Doch damit ist das Kirchenjahr noch nicht vollständig: Parallel zum „Temporale“ ist auch das „Sanctorale“, der Festkalender der Heiligen, konstituierender Bestandteil des Kirchenjahres. In der römisch-katholischen Kirche wird seit jeher eine unübersehbare Anzahl von Heiligen kultisch verehrt. Viele von ihnen sind bereits in der christlichen Antike bezeugt, viele weitere kamen im Mittelalter hinzu, und auch in der Neuzeit und Gegenwart fehlt es nicht an Heiligen, denen die „Ehre der Altäre“ zuteil geworden ist und die in Gottesdiensten geehrt werden. Vielen dieser Heiligen, vor allem jenen der Antike und des frühen Mittelalters, ist auch ein eigenes Proprium von Messgesängen gewidmet, das in den ältesten gregorianischen Handschriften, angefangen von den frühen Textquellen ab dem 8./9. Jh. bis zu den Neumenhandschriften des 10./11. Jhs., gut bezeugt ist. Für andere Heilige hat man aus dem Fundus des „Commune Sanctorum“ geschöpft, d. h. aus einem Repertoire von Messgesängen, das für mehrere Heiligenfeste Verwendung fand.

Dies alles ist Grund genug, dem Buch über die Sonn- und Festtage des Herrenjahres in den Messgesängen des Gregorianischen Chorals nun auch ein solches über die Heiligenfeste folgen zu lassen. Dass es dabei nicht um Vollständigkeit gehen kann, ist angesichts mehrerer

Hunderter von Heiligenfesten unmittelbar einleuchtend. Für eine sinnvolle Einschränkung bot sich die christliche Antike an, dies nicht zuletzt aufgrund der Tatsache, dass zahlreiche Heilige gerade dieser frühen Epoche des Christentums in den alten gregorianischen Handschriften erwähnt und mit einem Messproprium bedacht werden.

Ein auslösendes Moment, das wesentlich zum Entschluss dieser Veröffentlichung beigetragen hat, war auch die Tatsache, dass mit dem Vokalensemble „Schola Gregoriana Monacensis" bereits zwei CDs mit gregorianischen Messgesängen von Heilgenfesten eingespielt und im EOS-Verlag St. Ottilien veröffentlicht wurden und eine weitere CD sich in unmittelbarer Vorbereitung befindet. Mir als dem Leiter dieser Aufnahmen ist dabei bewusst geworden, welche kostbaren und teilweise weniger bekannten Perlen gregorianischer Kompositionskunst in diesen Schätzen verborgen liegen. Sollte die Lektüre dieses Buches zu einer ähnlichen Erkenntnis geführt oder wenigstens eine gewisse Neugier auf eine Welt voller Geheimnisse des Gregorianischen Chorals geweckt haben, wären dadurch jeder Aufwand und jede Mühe im Vorfeld dieser Veröffentlichung reichlich entlohnt.

Zum Schluss noch ein Wort des Dankes: Pater Dr. Dr. Cyrill Schäfer OSB, dem Leiter des EOS-Verlags St. Ottilien, gilt mein aufrichtiger Dank für die freundliche Aufnahme dieses Buches in das Programm des EOS-Verlags sowie für seine kompetente Begleitung und Betreuung in der Vorbereitungsphase bis zur Veröffentlichung. Ganz besonders möchte ich meiner geliebten Frau Dr. Birte Göschl danken für vier von ihr verfasste, in diesem Buch enthaltene Bildmeditationen sowie für manche sehr wertvollen Impulse, die für die Entstehung dieses Buches sehr nützlich waren, und nicht zuletzt für ihr geduldiges und sehr sorgfältiges Korrekturlesen.

Kiel, Pfingstsonntag, 19. Mai 2024
Johannes Berchmans Göschl

EINFÜHRUNG

Zum Titel und Inhalt des Buches

Zur Vermeidung von Missverständnissen sei von Anfang an klargestellt, wie der Titel des Buches „Die Messgesänge von 50 Heiligenfesten" zu verstehen ist. Die Zahl 50 deutet bereits darauf hin, dass angesichts einer unübersehbaren Fülle von Heiligenfesten im Laufe von 2000 Jahren Christentum eine Beschränkung unumgänglich war. So habe ich mich in den Ausführungen dieses Buches ausschließlich für Feste von Heiligen der christlichen Antike entschlossen. Unter dem Begriff „christliche Antike" verstehe ich den Zeitraum von den Anfängen des Christentums bis zur Spätantike um 600, konkret: von den im Neuen Testament berichteten Geschehnissen bis zum Pontifikat des Papstes Gregor des Großen (590-604).

Auch in diesem Zeitraum von etwa 600 Jahren der christlichen Antike gibt es eine große Anzahl von Heiligen, die zu allen Zeiten und bis auf den heutigen Tag verehrt und deren jährliche Gedenktage kultisch begangen werden (können). Dies bedeutet, dass im vorliegenden Buch nicht nur eine Beschränkung der Heiligenfeste im Zeitraum von 2000 Jahren Christentum, sondern auch der Feste von Heiligen der christlichen Antike vorgenommen werden musste. Ich gestehe, dass mir die hier getroffene Auswahl nicht leicht fiel. Dass diese Auswahl die Feste aller Apostel und Evangelisten sowie einiger weiterer Gestalten, von denen im Neuen Testament berichtet wird, umfassen müsse, war selbstverständlich. Auch dass die großen vier abendländischen Kirchenväter Ambrosius, Augustinus, Hieronymus und Papst Gregor der Große hier zu berücksichtigen sind, ist gut nachvollziehbar. Aber wie verhält es sich mit vielen weiteren Heiligen der christlichen Antike? Kann hier eine Auswahl neben subjektiven Vorlieben auch aufgrund objektiver Kriterien getroffen werden? Neben einigen Heiligen, die seit jeher in der kirchlichen Tradition ihren angestammten Platz innehaben und diesen bis heute behaupten, fiel meine Wahl auch auf eine Reihe von Heiligen, deren Gedenktage im Zuge der nachkonziliaren Kalenderreform von 1969 nicht mehr im „Calendarium Romanum Generale“, dem Allgemeinen Römischen Kalender, vertreten sind, wenn auch nichts ihrer lokal oder regional begrenzten kultischen Verehrung an bestimmten Orten, in manchen Diözesen oder Orden entgegensteht. Hier legte ich als objektiven Maßstab wahlweise ein zweifaches Kriterium an, entweder inwieweit diese Heiligen in den Messgesängen der älteren mittelalterlichen gregorianischen Handschriften berücksichtigt sind, oder aber inwieweit sich diese Heiligen auch heute noch einer großen Popularität, d. h. einer hohen Verehrung beim Volk, erfreuen. Was Letzteres betrifft, seien als Beispiele die hl. Barbara und der hl. Christophorus genannt, deren Gedenktage nicht mehr im aktuellen allgemeinen Heiligenkalender der katholischen Kirche geführt werden. Weiterhin möchte ich darauf aufmerksam machen, dass ich bei den heiligen Kirchenvätern und Kirchenlehrern der Antike diejenigen des Abendlandes gegenüber denjenigen des Orients bevorzugt ausgewählt habe, dies nicht zuletzt aufgrund der Tatsache, dass erstere in den gregorianischen Handschriften des Mittelalters besser berücksichtigt sind.

Ferner möchte ich darauf hinweisen, dass ich von vornherein auf eine Vorstellung und Kommentierung der Soloverse zu den Offertorien verzichtet habe. Die Arbeiten an den Melodierestitutionen dieser schwierigen Gesangsstücke sind zwar seit einigen Jahren in vollem Gange. Aber bevor sie nicht endgültig abgeschlossen sind, erscheint es wegen bislang ungeklärter Probleme des Melodieverlaufs wenig sinnvoll, viele dieser Stücke zu kommentieren. Bei den übrigen in diesem Buch vorgestellten und besprochenen Gesängen beziehe ich mich auf die im *Graduale Novum* (ConBrio Verlag Regensburg / Libreria Editrice Vaticana 2011/2018) wiedergegebenen Melodierestitutionen und natürlich – so vorhanden – auf die dort beigefügten Neumennotationen. In den ganz seltenen Fällen, wenn ein zu kommentierender Gesang nicht im Graduale Novum enthalten ist, konnte ich auf die Edition *Supplementum ad Graduale Romanum* von Alessandro DE LILLO (EOS-Verlag St. Ottilien 2019) zurückgreifen. Für die Auswahl der Verse zu den Communio-Antiphonen war mir das Buch *Versus ad Communionem* von Anton STINGL jun. (EOS-Verlag St.Ottilien 2017) eine sehr willkommene Hilfe.

Ein wichtiger Gesichtspunkt ist hier noch eigens anzusprechen: Bei der Auswahl der Messgesänge bin ich nicht immer den aktuellen Gesangbüchern gefolgt. Primär habe ich mich sogar eher an den Angaben der ältesten mittelalterlichen Handschriften orientiert, sofern dies möglich war. Bei Heiligenfesten, die im Zuge der nachkonziliaren Liturgiereform aus dem Allgemeinen Römischen Heiligenkalender verschwunden sind, hatte ich ohnehin keine andere Möglichkeit, als die mittelalterlichen Handschriften und gegebenenfalls das vorkonziliare Graduale Romanum von 1908 zu konsultieren. Um es kurz zu sagen: Bei der Auswahl der Messgesänge musste ich im Bedarfsfall öfter einen Kompromiss eingehen zwischen den alten Handschriften, dem Graduale Romanum 1908 und den aktuellen Editionen (Graduale Romanum 1974, Graduale Triplex 1979, Graduale Novum 2011/2018). Über die Gründe der getroffenen Auswahl ist Genaueres den Ausführungen zu dem jeweiligen Heiligenfest zu entnehmen.

Es liegt mir auch von Anfang an daran zu betonen, dass es sich bei dem vorliegenden Buch nicht um ein wissenschaftliches Werk im eigentlichen Sinn handelt. Dies betrifft die Ausführungen sowohl zur Vita der Heiligen wie auch gegebenenfalls zu deren Bedeutung unter kirchengeschichtlichem oder liturgiegeschichtlichem Aspekt. Was ich zu alledem geschrieben habe, ist nicht Frucht eigener Forschung, sondern beruht mehrmals auf der Konsultation diverser mehr oder weniger lexikalischer Beschreibungen, die ich teils in vorkonziliaren und nachkonziliaren Messbüchern, teils im Internet, dort u. a. im Ökumenischen Heiligenlexikon oder bei Wikipedia sowie gelegentlich in Beiträgen aus den Diözesen Augsburg und Regensburg, vorgefunden habe. Und auch meine Kommentare zu den Gesängen der Messproprien erheben nicht den Anspruch wissenschaftlicher Analysen, sondern sind eher als Frucht persönlicher Beobachtungen im täglichen Umgang mit den gregorianischen Gesängen zu werten. Bei diesen Kommentaren habe ich vor allem auf das Wort-Ton-Verhältnis geachtet, d. h. suchte ich zu ergründen, wie der gregorianische Komponist den Text verstanden hat, von welchen Wörtern oder Textpassagen er sich besonders angesprochen fühlte, um sie dann entsprechend in Musik umzusetzen. Gelegentlich, wenn auch sehr selten, habe ich auf einen Kommentar zum Wort-Ton-Verhältnis der Gesänge verzichtet, wenn sich eine fundierte Erkenntnis darüber mir nicht erschloss. Um es noch einmal zu betonen: hier liegt kein wissenschaftliches Werk vor, sondern eher ein Lesebuch für alle, die am Gregorianischen Choral allgemein und zudem insbesondere an gregorianischen Messgesängen von Heiligenfesten interessiert sind.

An die Ausführungen zu den einzelnen Heiligenfesten und deren gregorianischen Messgesängen schließen sich jeweils auch die entsprechenden Gesangstexte in lateinischer Sprache und deutscher Übersetzung an. Dabei habe ich stets auf eine möglichst wörtliche deutsche Übersetzung des lateinischen Textes geachtet, eingedenk der Tatsache, dass der Gregorianische Choral wesentlich „parola cantata", gesungenes Wort, ist und dass deshalb eine Übersetzung auch in Wortwahl und Sprachstil so nahe wie möglich am Originaltext bleiben muss. In Zweifelsfällen habe ich diesbezüglich mit Gewinn die sehr wörtliche Übersetzung von Dorothea Schütz, *Psalter. Aus dem Griechischen übersetzt*, München 1999, konsultiert.

Als besonderer Service für die Leser und Leserinnen ist am Schluss des Buches ein Index aller besprochenen Gesänge gedacht, der nach Gesangsarten (Introitus, Graduale usw.) und innerhalb dieser alphabetisch gegliedert ist. Auf diese Weise ist ein schnelles Auffinden des gewünschten Gesangsstückes und dessen Kommentierung sowie des betreffenden Gesangstextes gewährleistet.

Als Verfasser dieses Buches war es mir ein Anliegen, den Leser und die Leserin an den Erfahrungen und Beobachtungen teilhaben zu lassen, die ich ein Leben lang mit dem Gregorianischen Choral gemacht habe, und dies nicht zuletzt auch mit den gregorianischen Messgesängen von Heiligenfesten. Eines ist sicher: die Heiligenfeste bereichern die liturgischen Feiern des Kirchenjahres um eine bunte Vielfalt und sind nach wie vor ein wesentlicher Teil katholischer (und orthodoxer) Identität.

Gedanken zur Heiligenverehrung

Heilige werden verehrt, nicht angebetet. Anbetungswürdigkeit kommt nur Gott zu, dem Allheiligen. Diese Klarstellung im Rang einer dogmatischen Lehrverkündigung durch das Zweite Konzil von Nizäa (787) zeigt, wie sehr seit alters die Gefahr bestand, die Grenzen zwischen der Verehrung Gottes und der Verehrung der Heiligen im Bewusstsein und in den Frömmigkeitsformen der Christen zu verwischen. Dass diese Gefahr nach der eindeutigen Stellungnahme des Zweiten Konzils von Nizäa nicht für alle Zeit gebannt war, zeigt die weitere Entwicklung im Hoch- und Spätmittelalter, bis hinein in die Neuzeit. Vielerorts führte eine gesteigerte Heiligenverehrung, vor allem in Verbindung mit einem immer mehr um sich greifenden Reliquienkult an bedeutenden Wallfahrtsorten, zu einem religiösen Wildwuchs, der den Blick auf das Wesentliche verschleierte: die persönliche Zuwendung Gottes zum Menschen und – als Antwort darauf – die persönliche Hinwendung des Menschen zu Gott.

Solche übersteigerten Formen der Heiligenverehrung mussten den Protest der Reformatoren hervorrufen und sie belasten bis heute das Verhältnis zwischen den christlichen Konfessionen. Ja, auch heute kann man mitunter von protestantischer Seite – vor allem im Zusammenhang mit der Marienverehrung – den Vorwurf hören, die Katholiken (und orthodoxen Christen) würden Heilige, wie besonders Maria, anbeten. Andererseits sind katholische und orthodoxe

Christen zu aller Zeit, so auch heute, gehalten, sich in puncto Heiligenverehrung an der klaren Maßgabe des Zweiten Konzils von Nizäa zu orientieren, dies nicht zuletzt im Interesse des ökumenischen bzw. interreligiösen Dialogs.

Ein Weiteres ist hier zu bedenken bzw. kritisch zu hinterfragen: Was ist darunter zu verstehen, wenn ein Mensch „heilig" genannt wird? Anders ausgedrückt: was ist mit dem Attribut „Heiligkeit", bezogen auf einen Menschen, gemeint? „Heilig", im Vollsinn des Wortes, ist allein Gott. Er ist der Heilige schlechthin. Und Heiligkeit gehört im absoluten Sinn ausschließlich der Welt Gottes an. Die eindrucksvollste Offenbarung der Heiligkeit Gottes in diesem ausschließlichen Sinn findet sich bei Jes 6,1-3, wo mit dem dreimaligen „heilig", das die Seraphim Gott zurufen, das Wesen Gottes als „heilig" definiert wird.

Doch ist andererseits die Heiligkeit Gottes keine statische, nur sich selbst genügende, sondern eine dynamische Größe, eine Eigenschaft Gottes, die sich mitteilen will. Sie hat Gestalt angenommen in der Person Jesu Christi. In ihm, dem „Heiligen Gottes", wie er bei Mk 1,24 und Joh 6,69 genannt wird, leuchtet die Heiligkeit, die letztlich nur Gott zukommt, in vollkommener Weise auf. Dazu bekennt sich die Kirche u. a. im Gloria der Messe, wo sie Christus als den „Alleinheiligen" besingt: „Quoniam tu solus sanctus" (Denn Du allein bist der Heilige).

Auch die Heiligkeit Christi erweist sich als dynamische Größe: Durch sein Erlösungswerk, das mit seiner Menschwerdung beginnt und sich in seiner Passion und Auferstehung sowie der Sendung des Heiligen Geistes vollendet, vermittelt er den Menschen, seinen Schwestern und Brüdern, das Erbarmen Gottes und gibt ihnen so Anteil an seiner Heiligkeit, sofern sie dieses Angebot der Liebe Gottes aus freiem Willen annehmen. In diesem Sinn nennt Paulus die getauften Christen „Geheiligte in Christus Jesus" oder schlichtweg „Heilige" (vgl. u. a. Röm 1,7; 1 Kor,1,2; 2 Kor 1,1). Sie sind heilig, insofern ihnen durch die Mittlerschaft Christi die Gnade und Liebe

Gottes zuteil wurde und sich in ihrem Leben als wirksam erwiesen hat. Das Attribut „Heiligkeit“, bezogen auf einen Menschen, bedeutet somit Teilhabe an der Heiligkeit Gottes, als Geschenk der Gnade und Liebe Gottes, das dem Menschen durch die Mittlerschaft Christi zuteil wird.

So gesehen ist Heiligenverehrung, recht verstanden, primär immer ein Akt der Gottesverehrung, ein Lobpreis der Heiligkeit Gottes. Mit anderen Worten bedeutet dies auch: In den Heiligen verehren wir einen lebendigen Hinweis auf Gott, den Alleinheiligen, und auf die in ihnen wirksam gewordene Gnade und Liebe Gottes. Sie sind lebendige Zeichen dafür, dass Gott zu allen Zeiten den Menschen nahe sein will, Lichter der Hoffnung, die die Gottesfinsternis auch unserer Zeit aufzubrechen vermögen.

Ein Blick in die Heiligenbiographien zeigt uns, dass die Menschen, die wir als „Heilige“ verehren, auf sehr unterschiedliche Weise dem Angebot der Gnade und Liebe Gottes in ihrem Leben entsprochen haben. Alle Heiligen verkörpern ein bestimmtes, unverwechselbares Charisma, in dem sich eine Facette christlicher Lebensverwirklichung offenbart und damit einer der Wege aufgezeigt wird, wie wir Menschen dem Werben der Liebe Gottes begegnen können. Damit zeigt sich einerseits, dass die Wege, die zu Gott führen, von Mensch zu Mensch unterschiedlich sein können, und dass sich andererseits die Menschen, die wir als „Heilige“ verehren, nicht in allen Belangen als Idealbilder christlicher Lebensgestaltung bewährt haben müssen. Es ist wahr, dass wir nachahmenswerte Vorbilder brauchen, die uns anspornen, unser eigenes Christsein konsequent zu verwirklichen. Doch müssen wir dabei nicht nach Ausnahmeerscheinungen suchen. In den Menschen nämlich, die wir als „Heilige“ verehren, erkennen wir auch, dass die Berufung zur Heiligkeit durchaus dem Wegcharakter christlichen Lebens entspricht, dass christliches Leben eine Wegstrecke ist, die durchaus unterschiedlich schnell zurückgelegt werden kann, eine Wegstrecke, die gelegentlich auch auf Umwegen, mitunter sogar auf Abwegen das Ziel erreicht. Dies sehen wir

z. B. sehr deutlich in der Biographie des Völkerapostels Paulus, des einstmaligen fanatischen Verfolgers der ersten Christen in Jerusalem, der sich durch die Vision vor den Toren von Damaskus zum eifrigen Verkünder der Botschaft Christi in aller Welt bekehrte. Auch die Gestalt des Apostels Petrus trägt durchaus ambivalente Züge, die des ungestümen, leidenschaftlichen Eiferers für seinen Meister Jesus Christus und die des Versagers, der Jesus am Beginn seiner Passion verleugnete, die des reuigen Sünders, der über seinen Fehltritt „bitterlich weinte", und die des Hauptes und Felsen der Kirche, zu dem ihn Jesus – trotz allem – bestellte.

I. FESTE/GEDENKTAGE NEUTESTAMENTLICHER HEILIGER

Vorbemerkung

Der Obertitel des ersten Kapitels dieses Buches will besagen, dass es sich hier – mit Ausnahme des Gedenktages der hll. Joachim und Anna – um Feste/Gedenktage von Heiligen handelt, deren Namen im Neuen Testament, sei es in den vier Evangelien oder in anderen Schriften des NT wie z. B. in der Apostelgeschichte oder in der Offenbarung des Johannes, erwähnt werden. Ausgenommen sind vorerst die Feste der zwölf Apostel und der vier Evangelisten, die separat in den Folgekapiteln II und III behandelt werden.

1. Fest Mariä Geburt am 8. September

In der Vorgänger-Edition „Das Kirchenjahr im Gregorianischen Choral" wurden bereits zwei marianische Hochfeste, das Hochfest der Gottesmutter Maria am 1. Januar und das Hochfest Mariä Himmelfahrt am 15. August, unter liturgiegeschichtlichem Aspekt und zusammen mit den für sie vorgesehenen gregorianischen Messproprien besprochen. Hier soll nun der Blick auf ein weiteres Marienfest gelenkt werden, das ebenso alt ist wie die beiden genannten: das Fest Mariä Geburt. In Jerusalem ist das Fest schon im 5. Jh., in der gesamten Christenheit des Ostens und des Westens, so auch in Rom, seit dem 7. Jh. bezeugt. Es liegt in der Natur der Sache, dass in den vier Evangelien und weiteren Schriften des Neuen Testamentes über die Geburt Marias nichts zu lesen ist, denn das NT setzt erst mit den Geschehnissen rund um den Beginn des Erdenlebens Christi ein. Weder der Geburtsort Marias noch ihre Eltern werden im NT erwähnt. Genaueres hierzu erfährt man jedoch in dem sog. Protoevangelium des Jakobus, einer wichtigen apokryphen Quelle, die zwar nicht zum Kanon der neutestamentlichen Schriften gezählt wird, aber dennoch großen und nachhaltigen Einfluss hatte auf das Bild, das die kirchliche Tradition von Maria und Personen in ihrem engsten familiären Umkreis gezeichnet hat. Demnach wurde Maria in Jerusalem als Tochter ihrer Eltern Joachim und Anna geboren. Der Name „Maria" (Mirjam), den ihr die Eltern gegeben haben, kann sowohl „die Geliebte" oder „die (von Gott) Geschenkte" als auch „die Ungezähmte" bedeuten.

Zahlreiche Kirchen auf der ganzen Welt sind dem Gedächtnis der Geburt Marias geweiht, und auch in der Ikonographie ist die Geburt Marias durch Werke bedeutender Künstler mehrfach präsent. Eine der schönsten Auszeichnungen der Geburt Marias findet sich im Tagesgebet ihres Festes am 8. September. Dort wird die Geburt Marias, der Mutter Jesu, als „Anfang der Erlösung" bezeichnet, was soviel bedeutet wie dass Gott in ihr Mensch geworden ist, um alle Menschen und die gesamte Schöpfung zu erlösen.

Das Fest Mariä Geburt ist in den ältesten gregorianischen Handschriften schlecht bezeugt. Zwar findet sich schon im Cantatorium von Monza (Mitte 9. Jh.) ein entsprechender Eintrag für das Graduale dieses Festes, aber in den ältesten Neumenhandschriften, so im Cantatorium St. Gallen 359 (ca. 920), in Einsiedeln 121 (2. Hälfte 10. Jh.) oder in Laon 239 (ca. 930), sucht man vergebens nach Vermerken zu diesem Fest. Dies ändert sich ab dem 11. Jh. So sind die Gesänge dieses Festes u. a. sowohl in der italienischen Handschrift Angelica 123 (1. Drittel 11. Jh.) als auch in der St. Gallener Handschrift 376 und der aquitanischen Handschrift Albi (beide 2. Hälfte 11. Jh.) verzeichnet und großenteils sogar mit Neumennotation wiedergegeben. Andererseits unterscheiden sich die drei genannten Handschriften in der Auswahl der Gesänge beträchtlich. Die folgenden Ausführungen beziehen sich hauptsächlich auf die im Codex Angelica 123 wiedergegebenen Gesänge.

Der Text des Introitus *Salve sancta Parens* ist weder den Psalmen noch anderen biblischen Schriften entnommen, sondern geht auf den christlich-lateinischen Dichter Sedulius (5. Jh.) und zu Beginn des Stückes sogar auf ein Vergilzitat zurück. Die Melodie dieses Gesangs ist eine ziemlich notengetreue Adaptation der Melodie des Introitus *Ecce advenit* von Epiphanie. Unter dem Gesichtspunkt der Wort-Ton-Beziehung erscheint diese Adaptation äußerst glücklich, denn wie dort wird auch hier die Königsherrchaft Christi besungen („ ... Regem, qui caelum terramque regit" – [lichtvoll hast du geboren] den König, der über Himmel und Erde herrscht). Auch das Graduale *Benedicta et venerabilis* stellt über weite Strecken eine Adaptation eines älteren Stückes, des Graduale *Domine, praevenisti*, dar, allerdings eine Adaptation, die infolge mancher Eigenheiten wie z. B. gelegentlicher Akzentverschiebungen das künstlerische Niveau des Originals nicht erreicht. Dennoch werden durch die Art der Melodieführung wichtige Passagen des Textes wie „Virgo Maria" (Jungfrau Maria) und „mater Salvatoris" (Mutter des Erlösers) im Chorstück und „Virgo Dei Genitrix" (Jungfrau und Gottesgebärerin) im Solovers deutlich hervorgehoben. Ähnliches lässt sich vom Alleluia mit Vers *Solemnitas*, eine Adaptation des Alleluia mit Vers *Laetabitur iustus*, sagen. Wenn hier auch das ausladende und bis in den Spitzenbereich des VII. Modus vordringende Melisma auf der Endsilbe des Wortes „semi<u>ne</u>" (aus dem Samen [des Abraham]) etwas verwundert, wurden andere Textpassagen feinfühlig dem Original nachempfunden. Die Melodie des in den aktuellen Büchern vorgesehenen Offertoriums *Felix namque* ist in keiner der oben genannten Handschriften überliefert. Hier wird besonders die Passage „sacra Virgo Maria" (heilige Jungfrau Maria) musikalisch hervorgehoben, dies mit formelhaften Wendungen, die dem Offertorium *Stetit Angelus* vom Fest des Erzengels Michael entlehnt sind. Schließlich werden in der Communio *Dilexisti iustitiam* mit Text aus Psalm 44(45) die Liebe zur Gerechtigkeit („Dilexisti iustitiam") und der Abscheu vor Ungerechtigkeit („odisti iniquitatem") eines gottesfürchtigen Menschen sowie als Lohn dafür die Erwählung und Salbung durch Gott („propterea unxit te Deus") besungen.

Dass dieser Gott dem von ihm erwählten und gesalbten Menschen in Liebe und persönlicher Zuwendung verbunden ist, lässt die Vertonung der beiden letzten Worte „Deus tuus“ (dein Gott) deutlich vernehmen, dies mit filigranen unisonischen Tonbewegungen über „Deus“ und einem rhythmisch markantem Melisma über der Akzentsilbe von „<u>tu</u>us“.

GESANGSTEXTE

Introitus *Salve sancta Parens* – Sedulius,5. Jh., mit einem Vergilzitat; V. Ps 44(45),2

Salve sancta Parens, enixa puerpera Regem, qui caelum terramque regit in saecula saeculorum.	Sei gegrüßt, heilige Mutter, lichtvoll hast du geboren den König, der über Himmel und Erde herrscht durch alle Zeit und Ewigkeit.
V. Eructavit cor meum verbum bonum: dico ego opera mea regi.	V. Mein Herz fließt über von gutem Wort: ich widme meine Werke dem König.

Graduale *Benedicta et venerabilis*

Benedicta et venerabilis es, Virgo Maria: quae sine tactu pudoris inventa es mater Salvatoris.	Gebenedeit und verehrungswürdig bist du, Jungfrau Maria, die du jungfräulich zur Mutter des Erlösers erkoren wurdest.
V. Virgo Dei Genitrix, quem totus non capit orbis, in tua se clausit viscera factus homo.	V. Jungfrau und Gottesgebärerin, er, den die ganze Welt nicht fasst, schloss sich ein in deinen Schoß bei seiner Menschwerdung.

Alleluia / V. *Solemnitas*

Alleluia. V. Solemnitas gloriosae Virginis Mariae, ex semine Abrahae, ortae de tribu Iuda, clara ex stirpe David.	Alleluia. V. (Dies ist) das Fest der glorreichen Jungfrau Maria aus der Nachkommenschaft Abrahams, entsprossen aus dem Stamm Juda, ruhmreich aus dem Geschlecht des David.

Offertorium *Felix namque* – vgl. Mal 4,2

Felix namque es, sacra Virgo Maria, et omne laude dignissima: quia ex te ortus est sol iustitiae, Christus Deus noster.	Ja, glücklich bist du, heilige Jungfrau Maria, und allen Lobes würdig, denn aus dir ging hervor die Sonne der Gerechtigkeit, Christus, unser Gott.

Communio *Dilexisti iustitiam* – Ps 44(45),8; V. Ps 44(45),3

Dilexisti iustitiam, et odisti iniquitatem: propterea unxit te Deus, Deus tuus.	Du hast die Gerechtigkeit geliebt und das Unrecht gehasst, deshalb hat Gott, dein Gott, dich gesalbt.
V. Speciosus forma es prae filiis hominum, diffusa est gratia in labiis tuis: propterea benedixit te Deus in aeternum.	V. Schöner an Gestalt bist du als die Menschenkinder, Anmut ist ausgegossen auf deinen Lippen; deshalb hat Gott dich gesegnet auf ewig.

2. Hochfest des hl. Josef am 19. März

Josef, der Verlobte und Mann Marias und Nährvater Jesu, ist wohl in Betlehem geboren, hat aber in Nazaret gelebt, wo er als Bauhandwerker oder Zimmermann tätig war. Von ihm ist mehrmals in den Evangelien die Rede. Bei Mt 1,16 heißt es gegen Ende des Stammbaums Jesu: „Jakob war der Vater von Josef, dem Mann Marias; von ihr wurde Jesus geboren, der der Christus (der Messias) genannt wird". Derselbe Evangelist berichtet in 1,18-24 von der Schwangerschaft Marias und von Josef, „der gerecht war und sie nicht bloßstellen wollte" und deshalb beabsichtigte, sich von ihr zu trennen, bis ein Engel ihn im Traum ermutigte, Maria zu sich zu nehmen, „denn das Kind, das sie erwartet, ist vom Heiligen Geist", woraufhin Josef Maria als seine Frau zu sich nahm. Und in Mt 1,13-15 ist es wieder ein Engel, der Josef befiehlt, mit Maria und dem neugeborenen Jesus nach Ägypten zu fliehen, um den mörderischen Absichten des Herodes, das Kind zu töten, zu entkommen. Kapitel 2 des Lukasevangeliums berichtet ausführlich von den Geschehnissen rund um die Geburt Jesu in Betlehem, u. a. von der Reise Marias und Josefs von Nazaret nach Betlehem, um einer von Kaiser Augustus angeordneten Volkszählung Folge zu leisten. In diesem Zusammenhang wird auch erwähnt, dass Josef „aus dem Haus und Geschlecht Davids" stammte. Und bei Lk 2,41-50 ist, ohne Josef beim Namen zu nennen, die Rede von den Eltern Jesu, die den zwölfjährigen Jesus in Jerusalem verloren haben, ihn voller Angst suchen und ihn dann im Tempel wiederfinden. Im Johannesevangelium wird Josef einmal namentlich genannt: Anlässlich der Berufung der ersten Jünger sagte Philippus zu Natanael: „Wir haben den gefunden, über den Mose im Gesetz und auch die Propheten geschrieben haben: Jesus von Nazaret, den Sohn Josefs" (Joh 1,45). Über den Zeitpunkt des Todes Josefs ist im Neuen Testament nichts zu erfahren. Vermutlich hat dieser schon vor Beginn des öffentlichen Auftretens Jesu stattgefunden. Auch ist in den Evangelien kein einziges Wort aus dem Munde Josefs überliefert. Dennoch spricht alles, was in den Evangelien über ihn berichtet wird, eine deutliche Sprache: Josef ist der gerechte und schweigsame Mann, der immer im Hintergrund bleibt, aber allzeit offen ist und demütig verfügbar für den Anruf Gottes sowie stets bereit zu liebevoller Fürsorge für die ihm anbefohlene Familie, Jesus und Maria.

Die kultische Verehrung des hl. Josef setzt in der Ostkirche schon relativ früh ein, spätestens im 4. Jh. In besonderer Weise wurde sie gefördert durch zwei bedeutende Theologen des 4. Jhs.: Ephräm den Syrer und Johannes Chrysostomus. In der abendländischen Kirche sind erste Anzeichen einer kultischen Verehrung des hl. Josef im 9. Jh. erkennbar. Aber erst sehr viel später, unter den Päpsten Sixtus IV. und Innozenz VIII. gegen Ende des 15. Jhs., kann von einem offiziellen Fest des hl. Josef die Rede sein. Von da ab reißt die Verehrung des hl. Josef nicht mehr ab, im Gegenteil, sie nimmt stetig zu, und dies bis in die Gegenwart. Im Jahr 1870 verleiht Papst Pius IX. dem hl. Josef den

Titel des Patrons der gesamten katholischen Kirche. Papst Johannes XXIII. ernennt Josef zum Schutzpatron des Zweiten Vatikanischen Konzils und ordnet seine Anrufung im Hochgebet der Messe an. Und schließlich ruft Papst Franziskus 2020 ein „Jahr des hl. Josef" aus.

Die Tatsache, dass ein Fest zu Ehren des hl. Josef im Abendland erst sehr spät eingeführt wurde, ist wohl als wichtigster Grund dafür zu nennen, dass in keiner der ältesten gregorianischen Handschriften für das Fest am 19. März ein Messproprium zu finden ist. In späterer Zeit hat man allerdings – mit Ausnahme der Communio – auf ein Proprium mit Gesängen aus dem Schatz des gregorianischen Kernrepertoires zurückgegriffen, wie u. a. im Graduale der Editio Medicaea 1614 und schließlich auch im Graduale Romanum 1908 sowie in den aktuellen Gesangbüchern, dem Graduale Romanum 1974, dem Graduale Triplex 1979 und dem Graduale Novum II (2018), zu sehen ist. Im Introitus *Iustus ut palma* mit Text aus Ps 91(92) wird dem gerechten, gottesfürchtigen Menschen ein Erblühen wie das einer Palme und ein Wachstum (in zahlreicher Nachkommenschaft) gleich einer Zeder des Libanon verheißen. Darauf macht auch die Art der Vertonung aufmerksam, bei „florebit" (er wird erblühen) durch das zarte Pulsieren einer mehrtönigen Unisono-Bewegung, bei „multiplicabitur" (er wird sich vervielfältigen) durch den schwungvollen Aufstieg zum absoluten Höhepunkt des ganzen Stückes. Das Graduale *Domine, praevenisti eum* wird im Zusammenhang mit dem Fest des hl. Benedikt am 11. Juli kommentiert werden. Wenn das Fest des hl. Josef am 19. März in die Fastenzeit fällt – das trifft fast immer zu -, wird statt eines Alleluia mit Vers der Tractus *Beatus vir* gesungen. Er gleicht über weite Strecken jener Typusmelodie, die in den Cantica der Osternacht Verwendung findet und die sich von Vers zu Vers oder auch innerhalb eines Verses auf drei unterschiedlichen Tenorstufen, *do*, *sol* und *si*, entfaltet. Hier wird das Lob eines gottesfürchtigen Mannes („Beatus vir, qui timet Dominum") gesungen, der nach den Geboten Gottes verlangt und sie achtet („in mandatis eius cupit nimis"), dessen Nachkommenschaft mächtig sein wird („Potens in terra erit semen eius") und der es zu Ruhm und Reichtum ("gloria et divitiae in domo eius") bringen wird. Wie das Graduale wird auch das Offertorium *Veritas mea* zu einem späteren Zeitpunkt, nämlich beim Gedenktag des hl. Martin, kommentiert werden. Die Communio *Ioseph fili David* ist der einzige neogregorianische Gesang dieses Messpropriums. Doch finden sich auch hier bekannte Melodieformeln, die Gesängen des Kernrepertoires entlehnt sind. So die Formel zu Beginn bei dem Namen „Ioseph", die der Formel bei „Christus" zu Beginn der Communio *Christus resurgens* gleicht, sowie die Formel bei „natum est", die der Formel bei „reverentia" in der Communio *Erubescant et revereantur* entspricht. Trotz der späten Entstehungszeit dieses Gesangs zeichnet der Melodieverlauf die ermutigende Aufforderung des Engels an Ioseph, Maria als seine Frau zu sich zu nehmen, von der der Text spricht, feinfühlig nach.

GESANGSTEXTE

Introitus *Iustus ut palma* – Ps 91(92),13.14; V. Ps 91(92),2

Iustus ut palma florebit, sicut cedrus Libani multiplicabitur: plantatus in domo Domini, in atriis domus Dei nostri.	Der Gerechte wird blühen wie eine Palme, wie die Zeder des Libanon wird er sich vervielfältigen, gepflanzt im Hause des Herrn, in den Vorhöfen des Hauses unseres Gottes.
V. Bonum est confiteri Domino: et psallere nomini tuo, Altissime.	V. Gut ist es, den Herrn zu preisen und deinem Namen zu lobsingen, Allerhöchster.

Tractus *Beatus vir* – Ps 111(112),1-3

Beatus vir, qui timet Dominum: in mandatis eius cupit nimis.	Selig der Mann, der den Herrn fürchtet und sich überaus freut an seinen Geboten.
V. Potens in terra erit semen eius: generatio rectorum benedicetur.	V. Mächtig auf Erden werden seine Nachkommen sein, das Geschlecht der Redlichen wird gesegnet werden.

V. Gloria et divitiae
in domo eius: et iustitia eius
manet in saeculum saeculi.

V. Ruhm und Reichtum füllen
sein Haus, und seine Gerechtigkeit
bleibt in alle Ewigkeit.

Communio *Ioseph fili David* – Mt 1,20; V. Ps 111(112),1

Ioseph fili David,
noli timere accipere Mariam
coniugem tuam: quod enim
in ea natum est,
de Spiritu Sancto est.

Josef, Sohn Davids,
fürchte dich nicht, Maria
zu deiner Frau zu nehmen,
denn was in ihr heranwächst,
ist vom Heiligen Geist.

V. Beatus vir, qui timet
Dominum: in mandatis eius
cupit nimis.

V. Selig der Mann, der den
Herrn fürchtet und sich überaus
freut an seinen Geboten.

3. Gedenktag der hll. Joachim und Anna am 26. Juli

Die heiligen Eheleute Joachim und Anna werden im Neuen Testament kein einziges Mal erwähnt, und dies, obwohl sie als Eltern Marias und Großeltern Jesu zum engsten familiären Umkreis von Jesus, Maria und Josef gehören. Von ihnen berichtet aber sehr ausführlich das apokryphe Protoevangelium des Jakobus aus der Mitte des 2. Jahrhunderts. Demzufolge blieb die Ehe von Joachim und Anna, die in Jerusalem gelebt haben, über 20 Jahre kinderlos, was damals als Strafe Gottes gedeutet wurde. Daraufhin zog sich Joachim für 40 Tage in die Wüste zurück, um zu fasten und Buße zu tun. Da erschien sowohl ihm als auch seiner Frau Anna ein Engel und kündigte ihnen die Geburt eines Kindes an, und nach neun Monaten kam ihre Tochter Maria zur Welt.

Die kultische Verehrung von Joachim und Anna geht im Osten bereits ins 6. Jh. zurück, im Westen ist sie nach zögerlichen Anfängen im 8./9. Jh. erst seit dem 15. Jh. fester Bestandteil des liturgischen Kalenders. Und nachdem Papst Gregor XIII. im Jahr 1584 das Fest der hl. Anna am 26. Juli angeordnet hatte, nahm vor allem die Verehrung der hl. Anna im gesamten Abendland einen bemerkenswerten Aufschwung, sodass Anna zu einer der meistverehrten heiligen Frauen des Christentums wurde, und dies auch heute noch ist. Beide Heilige werden verehrt als Patrone der Eheleute, Joachim als Patron der Väter und Großväter, Anna u. a. als Patronin der Mütter und Großmütter, der Witwen, Ammen, für Kindersegen und eine glückliche Geburt, aber auch der Bergleute und weiterer handwerklicher Berufe. Die Kalenderreform nach dem Zweiten Vatikanischen Konzil hat die bis dahin an zwei unterschiedlichen Tagen vorgesehenen Gedenktage des hl. Joachim und der hl. Anna zu einem einzigen Gedenktag am 26. Juli zusammengelegt.

Erneut ist die relativ späte Einführung der ursprünglich voneinander getrennten Gedenktage des hl. Joachim und der hl. Anna als Grund dafür anzusehen, dass sie in den ältesten gregorianischen Handschriften nicht vermerkt sind. Die in den aktuellen Gesangbüchern, dem Graduale Romanum 1974, Graduale Triplex und Graduale Novum für den Gedenktag am 26. Juli verzeichneten Messgesänge sind jedoch – mit Ausnahme des Alleluia mit Vers – schon für die Blütezeit des Gregorianischen Chorals bis zum 10. Jh. bezeugt. Im Introitus *Sapientiam sanctorum* mit Text aus Iesus Sirach 44,15.14 wird die Weisheit heiliger Personen besungen, und dies im Mittelteil mit einer für ein Stück im I. Modus extremen Höhenlage des Melodieverlaufs. Von übergroßer Freude der Heiligen „in gloria" (in Herrlichkeit) ist im Graduale *Exsultabunt sancti* mit Text aus Ps 149,5.1 die Rede. Um diese Freude und das Lob dafür, das letztlich Gott gebührt (so der Solovers), in Musik umzusetzen, eignete sich besonders die Typusmelodie im II. Modus mit ihrem schwungvollen und häufig bis in hohe und höchste Lagen ausgreifenden Melodieverlauf. Das Alleluia mit Vers *O Ioachim sancte*, das in keiner gregorianischen Handschrift bezeugt ist, stellt eine Adaptation eines in wenigen mittelalterlichen Handschriften überlieferten Gesangs dar. Hier wird im Solovers Joachim als „coniux Annae" (Gemahl Annas) und „pater almae Virginis" (Vater der heiligen Jungfrau) um Hilfe angerufen. Der Melodieverlauf zeigt von der Nennung Joachims zu der von Anna und der heiligen Jungfrau eine stetig zunehmende Steigerung der Höhenlage und damit auch des künstlerischen Ausdrucks. Für eine kurze Kommentierung des Offertoriums *Laetamini in Domino* sei auf den Gedenktag des hl. Sebastian verwiesen. Der ursprüngliche Ort der Communio *Ierusalem surge* mit Text aus Bar 5,5 und 4,36 ist die Messe des Zweiten Adventssonntags. Hier handelt es sich um einen der schönsten und ausdrucksvollsten Gesänge der gesamten Adventszeit. Nach fast ungestümem Beginn bei „Ierusalem surge et sta in excelso" (Jerusalem, erhebe dich und stehe oben auf der Höhe) mischen sich bei den Passagen „iucunditatem" ([schau] die Wonne), „veniet" ([die zu dir] kommen wird) und „a Deo tuo" (von deinem Gott) zartere Farben in das Klanggemälde, was mehrmals durch ein liebevolles Umkreisen der Hauptstrukturstufe *fa* des II. Modus erzielt wird.

GESANGSTEXTE

Introitus *Sapientiam sanctorum* – Sir 44,15.14; V. Ps 32(33),1

Sapientiam sanctorum narrent populi, et laudem eorum nuntiet ecclesia: nomina autem eorum vivent in saeculum saeculi.	Von der Weisheit der Heiligen sollen die Völker erzählen, und ihr Lob verkünde die Kirche. Ihre Namen aber leben fort in alle Ewigkeit.
V. Exsultate iusti in Domino: rectos decet collaudatio.	V. Jubelt, ihr Gerechten, vor dem Herrn, den Redlichen ziemt der Lobgesang.

Graduale *Exsultabunt sancti* – Ps 149,5; V. Ps 149,1

Exsultabunt sancti in gloria: laetabuntur in cubilibus suis.	Jubeln sollen die Heiligen in Herrlichkeit, freuen sollen sie sich in ihren Gemächern.
V. Cantate Domino canticum novum: laus eius in ecclesia sanctorum.	V. Singt dem Herrn ein neues Lied, sein Lob ertöne in der Gemeinde der Heiligen.

Alleluia / V. *O Ioachim sancte*

Alleluia.	Alleluia.
V. O Ioachim sancte, coniux Annae, pater almae Virginis, hic famulis confer salutis opem.	V. Heiliger Joachim, Gemahl Annas, Vater der heiligen Jungfrau, verhelfe hier den Dienern zum Heil!

Communio *Ierusalem surge* – Bar 5,5 und 4,36; V. Ps 147,12

Ierusalem surge, et sta in excelso: et vide iucunditatem, quae veniet tibi a Deo tuo.	Jerusalem, erhebe dich und stehe oben auf der Höhe, und schau die Wonne, die dir kommt von deinem Gott!
V. Lauda, Ierusalem, Dominum: collauda Deum tuum, Sion.	V. Lobe, Jerusalem, den Herrn, lobsinge deinem Gott, Zion!

4. Fest der hll. Unschuldigen Kinder am 28. Dezember

Das Fest der hll. Unschuldigen Kinder steht in einem direkten und tieferen Zusammenhang mit den Geschehnissen rund um die Geburt Christi in Betlehem. Schon allein unter diesem Aspekt wird man es als glücklichen Umstand betrachten, dass es seit alters seinen liturgischen Ort innerhalb der Oktav des Weihnachtsfestes gefunden und behauptet hat. Inhaltlich basiert das Fest auf dem Bericht des Matthäusevangeliums, Kapitel 2, dem zufolge Sterndeuter aus dem Orient nach Jerusalem gekommen sind, um nach dem „neugeborenen König der Juden" zu forschen und ihn anzubeten. Dies versetzt den König Herodes in Angst und Schrecken. Er fordert die Sterndeuter auf, das neugeborene Königskind zu suchen und ihm dann Bericht zu erstatten, damit auch er dort hingehen und das Kind anbeten könne. Nachdem die Sterndeuter das Kind gefunden hatten, wurden sie durch einen Traum gewarnt, zu Herodes zurückzukehren, und auch Josef wird im Traum aufgefordert, den Ort der Geburt zu verlassen und mit Maria und dem Kind nach Ägypten zu fliehen. Als Herodes sich von den Sterndeutern getäuscht sah, war er darüber sehr erzürnt und befahl, alle Knaben im Alter bis zu zwei Jahren in und um Betlehem zu töten. Der Jesusknabe aber entging dem verbrecherischen Übergriff des Herodes. Auch wenn die in Kapitel 2 des Matthäusevangeliums berichteten Geschehnisse bei vielen Fachleuten, darunter auch einigen Bibelwissenschaftlern, nicht als historisch gesichert gelten, haben die christliche Tradition und vor allem der Volksglaube über die Jahrhunderte stets an ihnen festgehalten.

Von der Bedeutung, die dem Fest der Unschuldigen Kinder zu allen Zeiten zugemessen wurde, zeugt nicht zuletzt die Tatsache, dass die seit alters dafür vorgesehenen Propriumsgesänge der Messe offensichtlich eigens für dieses Fest komponiert wurden, wie man den ältesten handschriftlichen Quellen entnehmen kann. Im Introitus *Ex ore infantium* mit Text aus Psalm 8 ist vom Lob Gottes aus dem Mund von Kindern und Säuglingen die Rede, durch das die Feinde Gottes beschämt werden. Aus dem relativ einfachen und kurzen Melodieverlauf ragt vor allem der Schlussteil „propter inimicos tuos“ (um deiner Feinde willen) heraus. Im Graduale *Anima nostra* und Offertorium *Anima nostra* ist ein und derselbe Text aus Psalm 123(124) vertont, der im Graduale am Ende des Soloverses um einen zusätzlichen Satz ergänzt wird. Beide Gesänge sind ein beeindruckendes Loblied auf Gott, der den bedrängten und Hilfe suchenden Menschen aus der Schlinge der Jäger („de laqueo venantium“) befreit hat. Dabei lässt vor allem der Schlusssatz des Offertoriums „laqueus contritus est, et nos liberati sumus“ (die Schlinge ist zerrissen, und wir sind befreit) aufhorchen. Dies wegen der zweimaligen Verwendung einer Melodieformel mit einer mehrtönigen und rhythmisch subtil differenzierten Unisono-Bewegung, die im gesamten Repertoire des Gregorianischen Chorals sehr selten vorkommt und hier wohl als Ausdruck überschwenglicher Freude über die Rettungstat Gottes zu deuten ist. Im Text aus Psalm 112(113) des Alleluia mit Vers *Laudate pueri Dominum* werden Kinder aufgefordert, Gott ein Loblied darzubringen. Dem entspricht ein eigenständiger, nicht auf stereotypen Formeln beruhender Melodieverlauf, aus dem besonders die melismatische

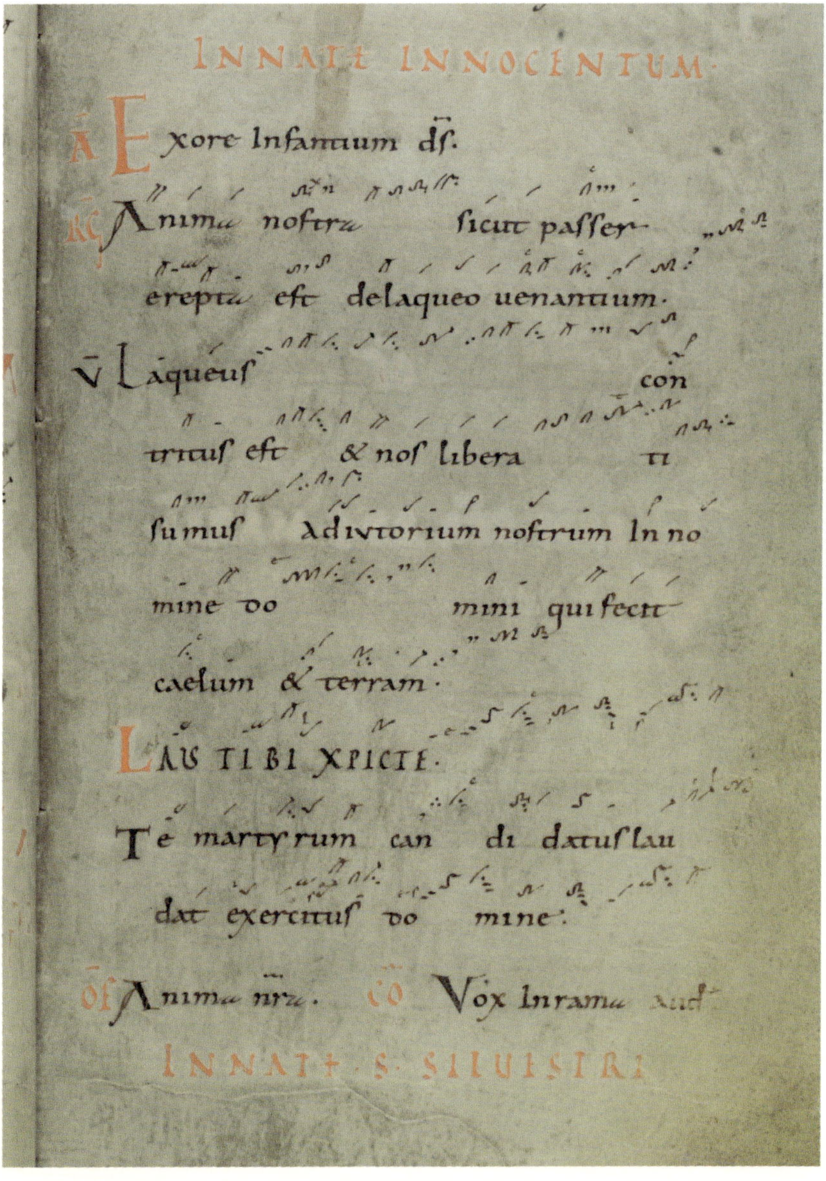

Graduale *Anima nostra* aus St. Gallen, Codex 359, p. 43, ca. 920, Stiftsbibliothek St. Gallen.

und mit durchweg gewichtigen Neumen ausgestattete Vertonung der Schlusssilben des Alleluia und des Soloverses bei „Domini“ ([den Namen] des Herrn) herausragen. Die Communio *Vox in Rama* ist schließlich der einzige Gesang dieser Festmesse, dessen Text dem Bericht über den Betlehemitischen Kindermord im Matthäusevangelium entnommen ist. Dort wird Jeremia 31,15 zitiert: „Ein Geschrei wurde in Rama gehört, Weinen und Wehklagen. Rahel weinte um ihre Söhne und wollte sich nicht trösten lassen, denn sie sind dahin“. Eine Melodie im VII. Modus, die nicht die dieser Tonart sonst eigene Fröhlichkeit und jugendliche Frische, sondern eher eine schwermütige Stimmung verströmt, macht nachdenklich. Zu allen Zeiten, auch in unserer Zeit, sind unschuldige und wehrlose Kinder dem Machtmissbrauch herrschsüchtiger Menschen ausgesetzt.

GESANGSTEXTE

Introitus *Ex ore infantium* – Ps 8,3; V. Ps 8,2

Ex ore infantium, Deus, et lactentium perfecisti laudem propter inimicos tuos.	Aus dem Mund der Kinder und Säuglinge hast Du dir, o Gott, Lob bereitet wegen deiner Feinde.
V. Domine, Dominus noster: quam admirabile est nomen tuum in universa terra!	V. Herr, unser Herrscher, wie wunderbar ist dein Name auf der ganzen Erde!

Graduale *Anima nostra* – Ps 123(124),7a; V. Ps 123(124),7b.8

Anima nostra, sicut passer, erepta est de laqueo venantium.	Unsere Seele ist wie ein Sperling der Schlinge der Jäger entkommen.
V. Laqueus contritus est, et nos liberati sumus: adiutorium nostrum in nomine Domini, qui fecit caelum et terram.	V. Die Schlinge ist zerrissen, und wir sind befreit. Unsere Hilfe ist im Namen des Herrn, der Himmel und Erde geschaffen hat.

Allelluia / V. *Laudate pueri Dominum* – V. Ps 112(113),1

Alleluia.	Alleluia.

V. Laudate pueri Dominum,
laudate nomen Domini.

V. Lobt, ihr Kinder, den Herrn,
lobt den Namen des Herrn!

Offertorium *Anima nostra* – Ps 123(124),7

Anima nostra, sicut passer,
erepta est de laqueo venantium:
laqueus contritus est,
et nos liberati sumus.

Unsere Seele ist wie ein Sperling
der Schlinge der Jäger entkommen.
Die Schlinge ist zerrissen,
und wir sind befreit.

Communio *Vox in Rama* – Mt 2,18; V. Ps 78(79),1

Vox in Rama audita est,
ploratus et ululatus:
Rachel plorans filios suos,
noluit consolari,
quia non sunt.

Ein Geschrei wurde in Rama
gehört, Weinen und Wehklagen:
Rahel weinte um ihre Söhne
und wollte sich nicht trösten
lassen, denn sie sind dahin.

V. Deus, venerunt gentes
in hereditatem tuam:
polluerunt templum
sanctum tuum: posuerunt
Ierusalem in ruinas.

V. O Gott, die Heiden
drangen in dein Erbe ein,
sie haben deinen heiligen Tempel
geschändet und Jerusalem
in Trümmer gelegt.

5. Hochfest der Geburt des hl. Johannes des Täufers am 24. Juni

Gedanken zum Coverbild dieses Buches

Aus dem Schoß seiner Mutter wird dieses Neugeborene gehoben, gehalten von einer weiblichen Gestalt mit einer Gloriole (Maria?), die der gebärenden Elisabeth als Hebamme zur Seite steht; das kleine Kind wird gehalten, gebadet und versorgt. Immer mit dabei ist eine weiblich anmutende Gestalt in leuchtendrotem Gewand über einem weißen Unterkleid – eine Magd? Eine göttliche Botin?

Rot ist die Farbe des Blutes, im jüdischen Verständnis Träger der lebendigen Seele; sie ist warm, vital und zieht den Blick auf sich. Verstärkt wird diese Wirkung durch den Gestus dieser Gestalt: sie hebt ihre rechte Hand mit erhobenem Zeige- und Mittelfinger, während ihre Linke auf ihrem Herzen liegt. Es scheint, als hätte sie, dem Kind zugewandt, etwas Wichtiges zu sagen. Und tatsächlich beginnt der Introitus, dessen erster Buchstabe zu dieser Initiale künstlerisch ausgestaltet wurde, mit den Worten: „Vom Mutterleib an rief mich der Herr mit meinem Namen"!

Und weiterhin deutet der Introitus Besonderes an: Gott macht seinen „Mund zu einem scharfen Schwert" – aber wie passt das zu dem goldenen Hintergrund der Geburts- und der Badeszene, der für ein lichtvolles, heiliges Geschehen steht? Krieg und Gewalt wurden immer wieder missbräuchlich mit angeblich göttlichem Willen vermengt, um Aggression und Zerstörungen zu rechtfertigen. Dazu wäre Johannes in späteren Jahren durchaus fähig gewesen – wenn eben nicht göttliches Wirken sein Leben bestimmt hätte. Und so gewinnt das Bild vom scharfen Schwert eine andere Bedeutung: Mit all seinem Feuer und seiner Leidenschaft, mit der Johannes das Unrecht beim Namen nannte und die Menschen, die zu ihm in die Wüste kamen, zurechtwies, ja regelrecht beschimpfte, hat er sich der göttlichen Leidenschaft, das Leben vor Missständen zu schützen und ein Bewusstsein dafür zu wecken, hingegeben – bis zum bitteren Ende. Es konnten eben nicht alle ertragen, sich in dem Spiegel zu sehen, den er ihnen vorhielt. Diese seine göttlich erfüllte Leidenschaft war letztlich stärker und lebendiger als das Leben, das ihm genommen werden konnte.

Birte Göschl

Das Hochfest der Geburt des hl. Johannes des Täufers zählt zu den wenigen Heiligenfesten, die außer der Festmesse am Tag selbst noch eine Vigilmesse am Vorabend aufweisen. Dies allein zeigt schon, welche Bedeutung dieser markanten biblischen Gestalt seit jeher zugemessen wurde. Er steht nicht nur an der Schwelle vom Alten zum Neuen Testament, sondern ist Jesus persönlich begegnet, der ihn als den Größten unter den von einer Frau Geborenen (Mt 11,11) bezeichnet hat und von dem er selbst die Bußtaufe empfangen wollte. Er, der Rufer in der Wüste und Mahner zur Umkehr, wurde wegen seines unbeugsamen Eintretens für die gerechte Sache unter Herodes Antipas in den Kerker geworfen und enthauptet.

Gegenstand der folgenden Ausführungen ist nicht die Vigilmesse am Vorabend, sondern die Festmesse am Tag. Die Texte des Introitus *De ventre* und des Graduale *Prius quam te formarem* sind den Büchern der Propheten Jesaia bzw. Jeremia entnommen und verweisen auf deren Berufung ins Prophetenamt. Von daher erscheint ihre Wahl für das Geburtsfest des hl. Johannes des Täufers, des ersten Propheten des Neuen Testamentes und Vorläufers Christi, sehr geeignet. Die insgesamt tiefe Lage des Introitus, die eher der modalen Struktur eines II. Modus als der eines I. Modus zu entsprechen scheint, verströmt einen zielstrebigen und zugleich sehr warmen Melodieverlauf. Eine Besonderheit des Graduale sei eigens vermerkt: Der Solovers endet mit den Worten „et dixit mihi:" (und er sagte zu mir:), wodurch die darauf folgende direkte Rede eingeführt wird, die im Text des Chorstückes enthalten ist. Dies darf als einer der Belege dafür gewertet werden, dass bei allen Gradualia nach dem Solovers die Wiederholung des Chorstückes erforderlich ist. Das Alleluia mit Vers *Tu puer* und die Communio *Tu puer* mit (fast) identischem Text aus dem Lukasevangelium nehmen Bezug auf die Berufung des hl. Johannes des Täufers zum Propheten und Vorläufer Christi, das Alleluia mit Vers in einer gelungenen Adaptation der bekannten Typusmelodie im II. Modus, die Communio mit besonderer Hervorhebung der Textpassagen „propheta Altissimi vocaberis" (Prophet des Allerhöchsten wirst Du genannt werden) und „praeibis enim ante faciem Domini" (denn du wirst vor dem Angesicht des Herrn vorangehen). Das Offertorium *Iustus ut palma* ist der einzige Gesang dieser Festmesse, dessen Text dem Buch der Psalmen – Ps 91(92),13 – entnommen ist. Der Gerechte wird hier verglichen mit einer blühenden Palme und mit einer Zeder des Libanon, was den gregorianischen Komponisten zu einer besonderen musikalischen Ausgestaltung – mit deutlicher Höherführung der Melodie – dieser beiden Bilder aus dem Bereich der Natur inspiriert hat.

GESANGSTEXTE

Introitus *De ventre matris meae* – Jes 49,1.2; V. Ps 91(92),2

De ventre matris meae vocavit me Dominus nomine meo: et posuit os meum ut gladium acutum: sub tegumento manus suae protexit me, posuit me quasi sagittam electam.	Vom Mutterleib an rief mich der Herr mit meinem Namen, und er machte meinen Mund zu einem scharfen Schwert. Unter dem Schirm seiner Hand beschützte er mich und machte mich zu einem erwählten Pfeil.
V. Bonum est confiteri Domino: et psallere nomini tuo, Altissime.	V. Gut ist es, den Herrn zu preisen und deinem Namen zu lobsingen, Allerhöchster.

Graduale *Prius quam te formarem* – Jer 1,5; V. Jer 1,9

Prius quam te formarem in utero, novi te: et ante quam exires de ventre, sanctificavi te.	Bevor ich dich im Mutterleib bildete, habe ich dich gekannt, und bevor du aus dem Mutterleib hervorgingst, habe ich dich geheiligt.
V. Misit Dominus manum suam, et tetigit os meum, et dixit mihi: (Prius quam ...)	V. Der Herr sandte seine Hand und berührte meinen Mund, und er sprach zu mir: (Bevor ich dich ...)

Alleluia / V. *Tu, puer* – Lk 1,76

Alleluia.	Alleluia.
V. Tu, puer, propheta Altissimi vocaberis: praeibis ante Dominum parare vias eius.	V. Du, Knabe, wirst Prophet des Allerhöchsten genannt werden; du wirst dem Herrn vorangehen, seine Wege zu bereiten.

Offertorium *Iustus ut palma* – Ps 91(92),13

Iustus ut palma florebit: sicut cedrus,	Der Gerechte wird blühen wie eine Palme,

quae in Libano est, multiplicabitur.	wie eine Zeder auf dem Libanon wird er sich vermehren.

Communio *Tu, puer* – Lk 1,76; V. Ps 91(92),2

V. Tu, puer, propheta Altissimi vocaberis: praeibis enim ante faciem Domini parare vias eius.	V. Du, Knabe, wirst Prophet des Allerhöchsten genannt werden; denn du wirst dem Herrn vorangehen, seine Wege zu bereiten.
V. Bonum est confiteri Domino: et psallere nomini tuo, Altissime.	V. Gut ist es, den Herrn zu preisen und deinem Namen zu lobsingen, Allerhöchster.

6. Gedenktag der hll. Martha, Maria und Lazarus von Betanien am 29. Juli

Von den beiden Schwestern Martha und Maria berichtet das Neue Testament insgesamt viermal, in Lk 10,38-42, in Joh 11,1-16, Joh 11,17-44 und in Joh 12,1-11. In den drei letztgenannten Bibelstellen ist dann sehr ausführlich auch von ihrem Bruder Lazarus die Rede. Nach Lk 10,38-42 war Jesus zu Gast bei Martha und Maria. Während Martha für die Bewirtung Jesu sorgte, saß Maria Jesus zu Füßen und hörte ihm zu. Darüber beklagt sich Martha, Jesus aber antwortet ihr: „Martha, Martha, du machst Dir viele Sorgen und Mühen ... Maria hat den besseren Teil erwählt ...“. In Joh 1,1-16 werden Martha und Maria ebenfalls namentlich genannt, vor allem aber wird von der Krankheit und dem Tod ihres Bruders Lazarus berichtet. Auch in Joh 11,17-44 ist von Martha und Maria die Rede, vor allem aber geht es um die Auferweckung des Lazarus von den Toten. Martha gibt Jesus zu bedenken: „Herr, er riecht schon, denn es ist bereits der vierte Tag“. Jesus aber rief, nachdem der Stein vom Grab weggewälzt war, mit lauter Stimme: „Lazarus, komm heraus!“ Daraufhin kam Lazarus, wieder lebendig, aus dem Grab hervor. Schließlich berichtet Joh 12,1-11 von der Salbung Jesu in Betanien durch Maria und in Anwesenheit von Martha und Lazarus.

Kirchlicher Überlieferung nach sollen die drei Geschwister im Jahr 48 nach Gallien vertrieben worden sein, wo Martha in der Nähe von Marseille ein Kloster gegründet haben soll. Lazarus soll angeblich der erste Bischof von Marseille gewesen sein. Im Jahr 2021 entschied Papst Franziskus, dass die drei Geschwister von Betanien gemeinsam an ein und demselben Tag, dem 29. Juli, kultisch gefeiert werden sollen.

Für die Auswahl der Messgesänge am Gedenktag der drei hll. Geschwister von Betanien und deren Kommentierung folge ich den in den aktuellen Choralbüchern bei den Eigenmessen des Benediktinerordens enthaltenen Vorschlägen. Im Text des Introitus *Sitientes* werden arme Leute („qui non habetis pretium“ – die ihr kein Geld habt) ermutigt, sich am frischen Wasser zu laben. Die zwei Passagen „venite ad aquas, dicit Dominus“ (kommt zum Wasser, spricht der Herr) und „venite, bibite cum laetitia“ (kommt, trinkt mit Freude!) sind identisch vertont, dies sowohl in melodischer als auch rhythmischer Hinsicht. Eine Melodieführung, die überwiegend auf ein und derselben Tonstufe verläuft, laden Sänger und Hörer ein, sich an diesem einfachen und doch sehr anmutigen Gesangsstück zu erfreuen. Der Text des Graduale *Venite filii* aus Ps 33(34) enthält die Aufforderung zu hören, was die Gottesfurcht („timorem Domini“) gebietet. Diese ist ihrerseits die Voraussetzung, sich Gott nahen zu können und sich von seinem Licht erleuchten zu lassen. Die Passage „Accedite ad eum et illuminamini“ (Tretet hin zu ihm, und ihr werdet erleuchtet) zu Beginn des Soloverses steht denn auch im Zentrum des musikalischen Geschehens dieser wunderbaren Komposition. Das Alleluia mit Vers *Haec est vera fraternitas* ist eine spätgregorianische Komposition, die in einigen Handschriften ab dem 11. Jh. bezeugt ist. Neben der sehr melismatisch geformten Alleluiamelodie und ihrer Wiederholung am Versschluss ragt aus dem übrigen Melodieverlauf vor allem die Passage „quae vicit mundi crimina“ ([die wahre Geschwisterliebe,] die das Böse in der Welt besiegt hat) heraus. Im Text des Offertoriums *Exsultabunt sancti* aus Ps 149 werden die Heiligen aufgefordert, sich an ihrer Herrlichkeit zu erfreuen und in ihren Gemächern zu frohlocken, besonders aber Gott Ehre und Lobpreis darzubringen. Den drei genannten Forderungen hat der gregorianische Komponist ein je eigenes, rhythmisch markantes und melodisch sehr bewegtes Profil verliehen. Im Text der Communio *Videns Dominus* aus Joh 11, in dem von der Auferweckung des Lazarus durch Jesus die Rede ist, treten alle drei Geschwister von Betanien auf, wobei Lazarus an zwei Stellen namentlich genannt wird. In der kompositorischen Konzeption des Stückes ist eine stetig zunehmende Steigerung wahrzunehmen von den weinenden Schwestern des Lazarus („flentes sorores Lazari") über die emotionale Erregung bei Jesus, der über den Tod seines Freundes in Tränen ausbricht („lacrimatus est"), bis hin zum lauten Ruf Jesu „Lazare, veni foras" (Lazarus, komm heraus!), dem absoluten Höhepunkt des Stückes. Aber auch im Schlussteil sind Schlüsselbegriffe des Textes auf besonders markante Weise vertont, so vor allem das Wort „prodiit" ([und] er trat heraus) und das Wort „quatriduanus" ([der schon] vier Tage lang [tot war]).

GESANGSTEXTE

Introitus *Sitientes* – vgl. Jes 5,1; V. Ps 77(78),1

Sitientes venite ad aquas, dicit Dominus: et qui non habetis pretium, venite, bibite cum laetitia.	Ihr Dürstenden, kommt zum Wasser, spricht der Herr; und die ihr kein Geld habt, kommt, trinkt mit Freude.
V. Attendite popule meus legem meam; inclinate aurem vestram in verba oris mei.	V. Achte, mein Volk, auf mein Gesetz, neigt euer Ohr zu den Worten meines Mundes.

Graduale *Venite filii* – Ps 33(34),12; V. Ps 33(34),6

Venite filii, audite me: timorem Domini docebo vos.	Kommt, ihr Söhne, höret mich: die Furcht des Herrn will ich euch lehren.
V. Accedite ad eum, et illuminamini: et facies vestrae non confundentur.	V. Tretet hin zu ihm, und ihr werdet erleuchtet, und euer Antlitz wird nicht zuschanden.

Alleluia / V. *Haec est vera fraternitas*

Alleluia.	Alleluia.
V. Haec est vera fraternitas, quae vicit mundi crimina: Christum secuta est, inclyta tenens regna caelestia.	V. Dies ist die wahre geschwisterliche Liebe, die das Böse in der Welt besiegt hat. Sie ist Christus gefolgt und nimmt (dafür) das erhabene Reich des Himmels in Besitz.

Offertorium *Exsultabunt sancti* – Ps 149,5.6

Exsultabunt sancti in gloria, laetabuntur cubilibus suis: exaltationes Dei in faucibus eorum.	Die Heiligen sollen sich an ihrer Herrlichkeit erfreuen, und sie sollen frohlocken in ihren Gemächern. Der Lobpreis Gottes sei in ihren Kehlen.

Communio *Videns Dominus* – vgl. Joh 11,33.35.43.44.39; V. Ps 129(130),1.2

Videns Dominus flentes sorores Lazari ad monumentum, lacrimatus est coram Iudaeis, et clamabat: Lazare, veni foras: et prodiit ligatis manibus et pedibus, qui fuerat quatriduanus mortuus.	Der Herr sah die Schwestern des Lazarus weinend am Grab stehen, da brach (auch) er in Tränen aus vor den Juden und rief: Lazarus, komm heraus! Und er trat heraus mit gebundenen Händen und Füßen, er, der schon vier Tage lang tot gewesen war.
V. De profundis clamavi ad te, Domine: Domine, exaudi vocem meam.	V. Aus der Tiefe rufe ich zu dir, o Herr. Herr, erhöre meine Stimme.

7. Fest der hl. Apostelin Maria Magdalena am 22. Juli

Maria Magdalena wurde in Magdala, einem Fischerort am See Gennesaret, geboren, was ihren Beinamen „Magdalena“ erklärt. Sie gehörte zum Kreis jener Frauen, die Jesus folgten, für ihn und die von ihm berufenen Jünger sorgten und ihn auf seinem Weg zur Kreuzigung begleiteten. Nach der Auferstehung Jesu hat Maria Magdalena gemäß einer christlichen Überlieferung in Ephesus in Kleinasien gelebt, wo sie vermutlich auch gestorben ist. Es gibt kaum eine Heilige des Christentums, über deren Leben so viele unterschiedliche Deutungen existieren wie über das Leben der hl. Maria Magdalena, vor allem was ihre Beziehung zu Jesus betrifft. Ist sie die Maria, aus der nach Lukas 8,2 und Markus 16,9 Jesus „sieben Dämonen" austrieb? Und ist sie gleichzusetzen mit jener „Sünderin", die nach Lukas 7,37 f. im Hause des Pharisäers Simon die Füße Jesu mit ihren Tränen reinigte und mit kostbarem Öl salbte? In diesem Sinn deuteten immerhin schon Hippolyt von Rom im 3. Jh. und später Papst Gregor der Große (590-604) die letztgenannten Bibelstellen. Ein für die christliche Tradition bedeutsamerer Aspekt besteht ohne Zweifel darin, dass Maria Magdalena in den Evangelien des Neuen Testamentes als Zeugin sowohl der Kreuzigung als auch der Auferstehung Jesu genannt wird. Nach Markus 16,9 f. und Johannes 20,1 f. ist sie die erste, die das leere Grab entdeckt und davon den trauernden Jüngern Bericht erstattet. Und nach Johannes 20,11-18 ist sie die erste, der der Auferstandene erschienen ist. All dies erklärt, warum sie bereits in der christlichen Antike den Ehrentitel „Apostola apostolorum" (Apostelin der Apostel) erhalten hat. Darauf griff auch Papst Franziskus in einem Dekret aus dem Jahr 2016 zurück, in dem er Maria Magdalena ebenfalls mit dem Titel „Apostola apostolorum" auszeichnete und ihrem Gedenktag den liturgischen Rang eines Festes verlieh.

Man mag erstaunt sein, dass das Fest der hl. Maria Magdalena weder in den ältesten Textquellen des Gregorianischen Chorals ab dem 8./9. Jh. noch in den ältesten Neumenhandschriften ab dem 10. Jh. bezeugt ist. Dies dürfte wohl mit dem negativen Beigeschmack der „Sünderin" zu tun haben, aus der nach Lukas 8,2 und Markus 16,9 Jesus „sieben Dämonen" austrieb, der das um Vieles positivere Bild der christlichen Antike überlagerte. Im folgenden wird auf jenes Messproprium Bezug genommen, das in den aktuellen Ausgaben des Gregorianischen Chorals, dem Graduale Romanum 1974, dem Graduale Triplex 1979 und dem Graduale Novum, Band II (2018), vermerkt ist. Dabei handelt es sich ausnahmslos um Gesänge, die schon in Textquellen ab dem 8./9. Jh. und in den ältesten Neumenhandschriften ab dem 10. Jh. bezeugt sind. Der Introitus *Tibi dixit* mit Text aus Psalm 26(27), der im Zuge der Liturgiereform nach dem Zweiten Vatikanischen Konzil auch dem Zweiten Fastensonntag zugeteilt wurde, beginnt auf der zweiten Silbe von „dixit" mit jener mehrtönig unisonischen und rhythmisch subtil differenzierten Melodieformel, der wir bereits an zwei Stellen des Offertoriums *Anima nostra* vom Fest der Unschuldigen Kinder begegnet sind. Diese Formel ist im Kontext des Festes der hl. Maria Magdalena wohl als Ausdruck mystischer Versenkung und liebender Hingabe in der Schau des Antlitzes Gottes („vultum tuum" – „faciem tuam") zu deuten, jener Charaktereigenschaft Maria Magdalenas, die ihr besonderes Verhältnis zu Jesus kennzeichnet. Für das Graduale *Audi filia* verweise ich auf das Messproprium am Gedenktag der hl. Cäcilia. Der Text des Alleluia-Verses *Surrexit Altissimus* ist kein Zitat aus den Auferstehungsberichten der vier Evangelisten, sondern gleicht einer frei formulierten Paraphrase jener Botschaft von der Auferstehung Jesu, die Maria Magdalena den Jüngern zu verkünden hatte. Ein ausgeprägtes Melisma über der Endsilbe des ersten Wortes „Surrexit" (Auferstanden ist [der Allerhöchste aus dem Grab]) überstrahlt das gesamte melodische Geschehen dieses Soloverses. Das hochemotionale Offertorium *Deus, Deus meus* mit Text aus Psalm 62(63) führt uns im Kontext dieses Heiligenfestes zu den Ereignissen des Ostermorgens, dies mit melodischen Höhepunkten bei „de luce" ([zu dir wache ich] vom Morgenlicht an) und „et in nomine tuo" (und in deinem Namen [erhebe ich meine Hände]). Es ist das Bild der sehnsüchtig zu Gott ausgestreckten Hände, das sich auch auf die Begegnung von Maria Magdalena und Jesus am Ostermorgen übertragen lässt. Der ursprüngliche Ort der Communio *Notas mihi fecisti* ist der Mittwoch in der dritten Fastenwoche. An diesem Tag fand in der christlichen Antike für die Taufbewerber Roms das erste Skrutinium (= Prüfung des Glaubens und der Lebensführung) statt. Dies könnte die melodisch exponierte Lage der Intonationspassage erklären, die der Bedeutung der einleitenden Worte „Kundgetan hast du mir die Wege des Lebens“ für die Taufbewerber gerecht würde. Im weiteren Melodieverlauf des Stückes ist die Passage „laetitia cum vultu tuo“ (Freude [beim Anblick] deines Angesichtes) besonders hervorgehoben, was sich, neutestamentlich gedacht, gut mit der Freude in Verbindung bringen lässt, die Maria Magdalena beim Anblick des Auferstandenen am Ostermorgen empfunden hat.

GESANGSTEXTE

Introitus *Tibi dixit cor meum* – Ps 26(27),8 f.; V. Ps 26(27),1

Tibi dixit cor meum, quaesivi vultum tuum, vultum tuum Domine requiram: ne avertas faciem tuam a me.	Zu dir sprach mein Herz: ich suchte dein Angesicht. Dein Angesicht, o Herr, will ich suchen. Wende dein Antlitz nicht ab von mir.
V. Dominus illuminatio mea, et salus mea: quem timebo?	V. Der Herr ist mein Licht und mein Heil, wen sollte ich fürchten?

Alleluia / V. *Surrexit Altissimus*

Alleluia.	Alleluia.
V. Surrexit Altissimus de sepulcro, qui pro nobis pependit in ligno.	Auferstanden ist der Allerhöchste vom Grab, der für uns am Holz (des Kreuzes) gehangen.

Offertorium *Deus, Deus meus* – Ps 62(63),2.5

Deus, Deus meus, ad te de luce vigilo: et in nomine tuo levabo manus meas, alleluia.	Gott, mein Gott, zu dir (ausgerichtet) wache ich vom Morgenlicht an, und in deinem Namen erhebe ich meine Hände, alleluia.

Communio *Notas mihi fecisti* – Ps 15(16),11; V. Ps 15(16),1.2

Notas mihi fecisti vias vitae: adimplebis	Kundgetan hast du mir die Wege des Lebens, du wirst mich

me laetitia cum vultu tuo, Domine.	mit Freude erfüllen mit deinem Angesicht, o Herr.
V. Conserva me, Domine, quoniam speravi in te: dixi Domino: Deus meus es tu, quoniam bonorum meorum non eges.	V. Behüte mich, Herr, denn ich habe auf dich gehofft. Ich sagte zum Herrn: Mein Gott bist du, denn meine Güter brauchst du nicht.

8. Fest des hl. Stephanus am 26. Dezember

Vom Leben und Sterben des hl. Stephanus, des ersten Märtyrers der jungen Kirche, kündet die Apostelgeschichte. Er wird dort beschrieben als ein Mann "voll Gnade und Kraft", der „Wunder und große Taten unter dem Volk" vollbrachte (Apg 6,8). Seine Gegner „konnten der Weisheit und dem Geist, mit dem er sprach, nicht widerstehen" (Apg 6,10). In seiner Verteidigungsrede vor dem Hohen Rat entwirft er einen beeindruckenden Abriss der alttestamentlichen Heilsgeschichte seit den Tagen Abrahams über Isaak, Jakob, Josef, Mose, David und Salomo bis zu den Tagen Jesu Christi (Apg 7,1-53). Ebenso beeindruckend ist die Schilderung seines Todes durch Steinigung, seine Vision, bei der er „den Himmel offen und den Menschensohn zur Rechten Gottes stehen" sah, sowie seine Bitte im Angesicht des Todes um Gnade für seine Gegner und Mörder (Apg 7,54-60). Zu allen Zeiten, von den Anfängen bis zur Gegenwart, wurde die Gestalt des hl. Stephanus wegen seines bedingungslosen Eintretens für die Sache Christi als leuchtendes Vorbild verehrt und sein Gedenktag am 26. Dezember entsprechend festlich begangen.

Zwei der Gesänge dieses Messpropriums, der Alleluia-Vers *Video caelos* und die Communio *Video caelos*, verweisen auf den in der Apostelgeschichte wiedergegebenen Bericht von der Steinigung des Stephanus. Anders verhält es sich mit dem Introitus *Etenim sederunt principes* und dem Graduale *Sederunt principes*, deren großenteils identischen Texte Ps 118(119) entnommen sind, wobei im Schlussteil des Gradualverses ein Vers aus Ps 108(109) angefügt wurde. Aber auch diese Texte enthalten eine große inhaltliche Übereinstimmung mit dem Bericht der Apostelgeschichte von der Steinigung des Stephanus, insofern auch in ihnen die Rede ist von der Verfolgung eines gerechten Dieners Gottes durch ungerechte Machthaber („Sederunt principes ... et iniqui persecuti sunt me"). Einige gregorianische Handschriften, so schon der Codex Einsiedeln 121 aus der 2. Hälfte des 10. Jhs., bieten als Alternative für das ältere Offertorium *In virtute tua* das jüngere Offertorium *Elegerunt Apostoli* an, das einmal mehr auf den Bericht der Steinigung des Stephanus in der Apostelgeschichte zurückverweist. Im vorliegenden Buch wird jedoch dem älteren, bereits in den ältesten Textquellen bezeugten Offertorium *In virtute* der Vorzug gegeben.

Auf einige Stellen dieses Messpropriums, die unter dem Gesichtspunkt des Wort-Ton-Verhältnisses interessant sind, sei noch besonders hingewiesen. In dreien dieser Gesänge ist es der Hilferuf aus höchster Not eines verfolgten Menschen in lebensbedrohlicher Situation, der aus dem übrigen Melodieverlauf herausragt, und dies jeweils in Verbindung mit Vokativen, die sich an Gott bzw. Jesus richten: im Introitus *Etenim sederunt principes* und im Graduale *Sederunt principes* jeweils bei „Domine Deus meus" (Herr, mein Gott!), in der Communio *Video caelos* bei „Domine Jesu" (Herr Jesus!). Im Offertorium *In virtute tua* ist es hingegen die Freude über die Rettungstat Gottes („et super salutare tuum exsultabit vehementer" – und über dein Heil jubelt er gar sehr), die in der Vertonung eine deutliche Hervorhebung erfährt. Schließlich eröffnet das Alleluia mit Vers *Video caelos* einen Blick in die jenseitige Vollendung aller irdischen Existenz: die Herrlichkeit des Himmels. Dafür eignet sich vortrefflich die Typusmelodie im II. Modus, deren melismatische Ausschmückungen fast über jedem Wort der Komposition den entsprechenden festlichen Rahmen verleihen.

GESANGSTEXTE

Introitus *Etenim sederunt principes* – Ps 118(119),23.86; V. Ps 118(119),1

Etenim sederunt principes,	Ja, die Machthaber setzten sich
et adversum me loquebantur:	und sprachen gegen mich,
et iniqui persecuti sunt me:	und ungerechte Menschen
adiuva me, Domine Deus meus,	verfolgten mich. Hilf mir, Herr,
quia servus tuus exercebatur	mein Gott, denn dein Diener
in tuis iustificationibus.	hält an deinen Vorschriften fest!
V. Beati immaculati	V. Selig, die unbescholten sind
in via: qui ambulant	auf dem Weg, die wandeln
in lege Domini.	nach dem Gesetz des Herrn.

Graduale *Sederunt principes* – Ps 118(119),23.86; V. Ps 108(109),26

Sederunt principes,	Die Machthaber setzten sich
et adversum me loquebantur:	und sprachen gegen mich,
et iniqui persecuti	und ungerechte Menschen
sunt me.	verfolgten mich.
V. Adiuva me, Domine Deus	V. Hilf mir, Herr, mein Gott,
meus: salvum me fac	rette mich um deiner
propter misericordiam tuam.	Barmherzigkeit willen!

Alleluia / V. *Video caelos apertos* – Apg 7,56

Alleluia.	Alleluia.
V. Video caelos apertos,	V. Ich sehe den Himmel offen
et Iesum stantem	und Jesus, sitzend
a dextris virtutis Dei.	zur Rechten der Kraft Gottes.

Offertorium *In virtute tua* – Ps 20(21),2.3

In virtute tua, Domine,	Ob deiner Macht, o Herr,
laetabitur iustus, et super	freut sich der Gerechte, und über
salutare tuum exsultabit	dein Heil jubelt er gar sehr.
vehementer: desiderium animae	Was seine Seele ersehnte,
eius tribuisti ei.	hast Du ihm erfüllt.

Communio *Video caelos apertos* – Apg 7,56.59.60; Lk 23,24; V. Ps 118(119),161

Video caelos apertos, et Iesum stantem a dextris virtutis Dei: Domine Iesu, accipe spiritum meum, et ne statuas illis hoc peccatum, quia nesciunt quid faciunt.	Ich sehe den Himmel offen und Jesus, sitzend zur Rechten der Kraft Gottes. Herr Jesus, nimm meinen Geist auf und rechne ihnen dies nicht zur Sünde an, denn sie wissen nicht, was sie tun!
V. Principes persecuti sunt me gratis, et a verbis tuis formidavit cor meum.	V. Machthaber haben mich grundlos verfolgt, und vor deinen Worten fürchtete sich mein Herz.

9. Fest der Bekehrung des hl. Apostels Paulus am 25. Januar

Das seit dem 8. Jahrhundert in Gallien bezeugte Fest der Bekehrung des hl. Apostels Paulus bzw. Pauli Bekehrung, wie es im Volksmund genannt wird, erinnert an das „Damaskuserlebnis", das aus dem fanatischen Feind und Verfolger der ersten Christen Saulus den Eiferer für die Sache Christi und Völkerapostel Paulus gemacht hat. Saulus entstammte einer vornehmen jüdischen Familie mit streng pharisäischer Ausrichtung aus Tarsus in Zilizien (in der heutigen Türkei). Er übte den Beruf eines Zeltmachers aus und war Schüler des berühmten Rabbiners Gamaliel. Auf dem Weg nach Damaskus, in der Absicht, dort „die Anhänger des neuen Weges ... zu fesseln und nach Jerusalem zu bringen", geschah es: Ein Licht vom Himmel blendete ihn, er stürzte zu Boden und hörte die Stimme Christi, die zu ihm sagte: „Saulus, Saulus, warum verfolgst Du mich?" Dies war der große Wendepunkt in der Biographie des Paulus: aus dem erbitterten Christenverfolger wurde der eifrige Verkünder der Botschaft Christi in vielen Ländern der damaligen Welt. Von diesem Ereignis berichtet ausführlich die Apostelgeschichte in Kapitel 9,1-22. Und er selbst kommt mehr als einmal darauf zurück, so in seiner Rede im Vorhof des Tempels von Jerusalem (Apg 22,1-21), in seiner Verteidigungsrede vor dem König

Agrippa (Apg 26,9-18), in seinem Schreiben an die Gemeinde von Korinth, wo er sich, bezogen auf sein Leben vor der Bekehrung, sogar als „Missgeburt" bezeichnet (1 Kor 15,8.9), sowie in seinem Brief an die Galater (Gal 1,11-16). In seinen letzten Lebensjahren bezahlte Paulus seinen unermüdlichen Einsatz für die Sache und Botschaft Christi mit Gefangenschaft und schließlich mit dem Märtyrertod vor den Toren Roms durch Enthauptung, wohl im Jahr 64 in der Christenverfolgung des Kaisers Nero. Sein Grab befindet sich in der zu seinen Ehren errichteten Basilika San Paolo fuori le mura, einer der sieben Hauptkirchen Roms, wo traditionell jedes Jahr am 25. Januar der Festgottesdienst, nach Möglichkeit zusammen mit dem Papst, im Gedenken an die Bekehrung des hl. Apostels Paulus gefeiert wird.

Die Messgesänge dieses Festes gehören – mit Ausnahme des Alleluia mit Vers – dem gregorianischen Kernrepertoire an, das bereits in den frühen Textquellen und den ältesten Neumenhandschriften bezeugt ist. Im Text des Introitus *Scio cui credidi* aus 2 Tim 1,12 gibt Paulus selbst seiner Überzeugung Ausdruck, dass das ihm anvertraute Gut, d. h. die von ihm zu verkündende Botschaft Christi, nicht ins Leere fällt, sondern durch die Macht Gottes am Leben erhalten bleibt bis zum Ende der Zeiten. Diese seine tiefe Überzeugung findet eine klare Entsprechung auch in der Vertonung des Stückes, in der die beiden Wörter „Scio" (Ich weiß) und „certus sum" (ich bin gewiss) besonders hervorgehoben werden. Auch im Graduale *Qui operatus est* mit Text aus Gal 2,8.9 und 1 Kor 15,10 ergreift Paulus selbst das Wort, indem er von seiner Sendung zu den Heiden, d. h. zu Nichtjuden, spricht und davon, dass der Erfolg seiner Sendung einzig und allein das Werk der ihm verliehenen Gnade Gottes ist. Entsprechend bedeutungsvoll wird zweimal in der Vertonung die Passage „gratia Dei" (die Gnade Gottes) herausgehoben, in beiden Teilen des Stückes durch Höherführung der Melodie bis in die Spitzenlagen des V. Modus und dazu im Solovers durch ein ausladendes Melisma über der Akzentsilbe „Dei". Das Alleluia mit Vers *Magnus sanctus Paulus* ist der einzige nicht dem Kernrepertoire angehörige Gesang dieses Messpropriums. In der hier vorliegenden Melodiefassung ist er in zwei Handschriften des 11./12. Jhs. von Montecassino überliefert. Trotz der wohl späten Entstehungszeit eignet sich die Typusmelodie im II. Modus sehr gut, um wichtigen Textpartien wie besonders „Paulus, vas electionis“ (Paulus, Gefäß der Erwählung) zu Beginn des Soloverses ein markantes Profil zu verleihen. Das Offertorium *Mihi autem nimis* wird an anderer Stelle, im Zusammenhang mit den Messgesängen am Fest des hl. Apostels Andreas, kommentiert. Schließlich ist in der Communio *Signa eos* mit Text aus Mk 16,17.18 von Zeichen und Wundern wie der Austreibung von Dämonen und von Krankenheilungen die Rede, die zu vollbringen aber nur denen verheißen wird, die an Christus glauben. Dass dafür der Glaube an Christus die unerlässliche Voraussetzung ist, wird auch in der Vertonung unterstrichen, wo die Passage „qui in me credunt“ (die an mich glauben) ein rhythmisch markantes Profil mit Höherführung der Melodie bis in den Spitzenbereich des VII. Modus erhält.

GESANGSTEXTE

Introitus *Scio cui credidi* – 2 Tim 1,12; V. Ps 138(139),2

Scio cui credidi, et certus sum, quia potens est depositum meum servare in illum diem.	Ich weiß, wem ich geglaubt habe, und ich bin gewiss, dass er die Macht hat, das mir anvertraute Gut zu bewahren bis zu jenem Tag.
V. Domine probasti me, et cognovisti me: tu cognovisti sessionem meam.	V. Herr, du hast mich geprüft und du kennst mich, du kennst mein Sitzen (und mein Aufstehen).

Graduale *Qui operatus est* – Gal 2,8.9; V. 1 Kor 15,10

Qui operatus est Petro in apostolatum, operatus est et mihi inter gentes: et cognoverunt gratiam Dei, quae data est mihi.	Der Petrus die Kraft zum Apostel- dienst (unter den Beschnittenen) gegeben hat, gab sie auch mir zum Dienst unter den Heiden. Und sie haben die Gnade Gottes erkannt, die mir verliehen wurde.

V. Gratia Dei in me vacua non fuit: sed gratia eius semper in me manet.	V. Die Gnade Gottes blieb an mir nicht ohne Wirkung, aber seine Gnade bleibt immer in mir.

Alleluia / V. *Magnus sanctus Paulus*

Alleluia.	Alleluia.
V. Magnus sanctus Paulus, vas electionis, vere digne est glorificandus, qui et meruit thronum duodecimum possidere.	V. Der große heilige Paulus, das Gefäß der Erwählung, ist wahrlich gebührend zu preisen, er, der es auch verdiente, den zwölften Thron einzunehmen.

Communio *Signa eos* – Mk 16,17.18; V. Ps 33(34),2

Signa eos qui in me credunt, haec sequentur: daemonia eicient: super aegros manus imponent, et bene habebunt.	Zeichen werden denen folgen, die an mich glauben: Dämonen werden sie austreiben; Kranken werden sie die Hände auflegen, und diesen wird es wohlergehen.
V. Benedicam Dominum in omni tempore: semper laus eius in ore meo.	V. Preisen will ich den Herrn zu aller Zeit, immer sei sein Lob in meinem Mund.

10. Gedenktag des hl. Apostels Barnabas am 11. Juni

Barnabas, geboren in Zypern um das Jahr 15 v. Chr. aus dem Stamm Levi, hieß ursprünglich Joses (Josef). Den Namen „Barnabas" (Sohn des Trostes) bekam er nach Apg 4,36 von den Aposteln. Lukas, der Verfasser der Apostelgeschichte, bezeichnet ihn in Apg 14,14 als Apostel, obwohl er von Jesus nicht zu den Zwölfen berufen wurde. Dieser Ehrentitel ist ihm bis zum heutigen Tag geblieben, so auch im nachkonziliaren Calendarium Romanum Generale, dem aktuellen für die Gesamtkirche verbindlichen Heiligenkalender. Nach der Bekehrung des Paulus vor Damaskus war Barnabas dessen langjähriger Begleiter und Helfer. Nach Apg 9,26.27 vermittelte er zwischen Paulus und den Aposteln und der Urgemeinde von Jerusalem, wo man Paulus anfangs mit Furcht und Skepsis begegnete. Nach Apg 11,22-26 begleitete Barnabas Paulus nach Antiochia, wo beide ein Jahr lang blieben, um die Gemeinde im Glauben an Jesus Christus zu stärken und wo die Gemeindemitglieder erstmals „Christen“ genannt wurden. Von Antiochia brach Paulus zu seiner ersten Missionsreise nach Ikonion, Lystra und Derbe auf, und Barnabas begleitete ihn dabei. Zu Beginn der zweiten Missionsreise des Paulus kam es zu einer heftigen Auseinandersetzung zwischen Paulus und Barnabas, weil Barnabas Markus mitnehmen wollte, Paulus aber damit nicht einverstanden war, sodass sich beide trennten (vgl. Apg 15,36-41). Daraufhin zogen Barnabas und Markus weiter nach Zypern. In Gal 2,11-14 wirft Paulus Barnabas sogar Heuchelei vor, weil der sich im Zusammenhang mit der Frage, ob die aus dem Heidentum bekehrten Christen nach jüdischem Gesetz leben müssten, sich kurzzeitig auf die Seite des Petrus und der Judenchristen gestellt hat. Nach späteren Überlieferungen soll Barnabas einer der 72 Jünger gewesen sein, die Jesus nach Lk 10,1 ausgesandt hat, um die Botschaft vom Reich Gottes zu verkünden. Demnach wäre Barnabas ein direkter Jünger Jesu gewesen und würde deshalb zurecht den Ehrentitel „Apostel“ tragen. Barnabas war der kirchlichen Überlieferung zufolge der erste Bischof von Zypern sowie der erste Bischof von Mailand. Im Jahr 61 erlitt er im Alter von 76 Jahren in Zypern das Martyrium durch Steinigung. Teile seiner Gebeine sollen sich u. a. in Mailand, Prag, Köln, Andechs und in Zypern befinden. Er wird u. a. als Patron von Mailand und Florenz sowie als Schutzheiliger der Küfer und Weber verehrt.

Die in den aktuellen Choralausgaben vorgesehenen Gesänge am Gedenktag des hl. Barnabas sind allesamt schon andernorts vergeben. So orientierte ich mich an Gesängen, wie sie in der einen oder anderen mittelalterlichen Handschrift zu finden sind. Im Codex St. Gallen 339 wurde ich fündig, musste aber feststellen, dass auch die dort verzeichneten Gesänge, mit Ausnahme der Communio, bereits anderen Heiligenfesten zugeteilt sind: der Introitus *Mihi autem nimis* und das Offertorium *In omnem terram* dem Fest der hll. Apostel Simon und Judas Thaddäus, das Graduale *In omnem terram* dem Fest des hl. Apostels Andreas. Codex St. Gallen 339 gibt in diesem Messproprium kein Alleluia an. Für das in den aktuellen Ausgaben vorgesehene Alleluia mit Vers *Ego vos elegi* verweise ich auf das Fest des hl. Apostels Matthias. Somit verbleibt für eine kurze Besprechung nur die im Codex St. Gallen 339 angegebene Communio *Dico autem vobis.* Im Text aus Lk 12,4 ermutigt Jesus seine Jünger zu furchtlosem Auftreten gegenüber ihren Verfolgern. Der gregorianische Komponist hebt sowohl die Passage „vobis amicis meis" (euch, meinen Freunden) als auch die Passage „qui vos persequuntur" (die euch verfolgen) hervor, beide Male mit energiegeladenem Aufstieg zum melodischen Höhepunkt. Mit diesem kompositorischen Ausdrucksmittel will er mit Nachdruck betonen: Wer in der Freundschaft Jesu fest gegründet ist, hat nichts zu befürchten.

GESANGSTEXT

Communio *Dico autem vobis* – Lk 12,4; V. Ps 33(34),16

Dico autem vobis amicis meis: ne terreamini ab his, qui vos persequuntur.	Ich aber sage euch, meinen Freunden: Fürchtet euch nicht vor denen, die euch verfolgen.
V. Oculi Domini super iustos: et aures eius in clamorem eorum.	V. Die Augen des Herrn ruhen auf den Gerechten, und seine Ohren hören ihr Rufen.

11. Fest des hl. Erzengels Michael am 29. September

Der Name „Michael" kommt aus dem Hebräischen und bedeutet „Wer ist wie Gott?". Bereits im Alten Testament, im Buch Daniel, tritt der mit diesem Namen bezeichnete Engel in einer Mittlerfunktion zwischen Gott und dem Volk Israel und sozusagen als Schutzengel des Volkes Israel auf. Im Neuen Testament ist es vor allem die Offenbarung des Johannes, die die christliche Vorstellung von der Gestalt und Bedeutung des Erzengels Michael nachhaltig geprägt hat. Demnach ist er der Bezwinger des „großen Drachens“, der den Satan und die ihm folgenden (bösen) Engel aus dem Himmel vertrieb und auf die Erde stürzte. So gilt er seit der christlichen Antike als mächtiger Schirmherr des neutestamentlichen Volkes Gottes, und nach der siegreichen Schlacht auf dem Lechfeld 955 wurde er zum Schutzpatron des Heiligen Römischen Reiches und später von Deutschland erklärt. Zahlreiche bedeutende Kirchen auf dem gesamten christlichen Erdkreis sind seinem Namen geweiht, so die Kirche auf dem Mont-Saint-Michel in der Normandie, die Cathedrale St. Michel in Brüssel, die Erzengel-Michael-Kathedrale in Moskau, in Deutschland die St. Michaeliskirchen in Hamburg und Hildesheim, die Michaelskirche in München und – nicht zuletzt – die dem hl. Erzengel Michael geweihte Abteikirche des Benediktinerstifts Metten in Bayern.

Im Zuge der Neuordnung des Kirchenjahres nach dem Zweiten Vatikanischen Konzil wurde das Fest am 29. September als Fest der drei heiligen Erzengel Michael, Gabriel und Raphael deklariert. Bis dahin beging man an diesem Tag – und dies seit ältester Zeit – ausschließlich das Fest des hl. Erzengels Michael, wie dies auch in allen mittelalterlichen Handschriften des Gregorianischen Chorals bezeugt ist. Ursprünglich beging man an diesem Tag den Jahrestag der Weihe der römischen St. Michaelskirche an der Via Salaria. „In dedicatione Sancti Michaelis“ ist als Titel des Festes im Codex 121 von Einsiedeln zu lesen, „Dedicatio basilicae Sancti Michaelis Archangeli“ im Codex 339 von St. Gallen.

Dem Introitus und dem Graduale dieses festtäglichen Messpropriums liegt ein und derselbe Text aus Psalm 102(103) zugrunde. Die Engel werden zum Lob Gottes aufgerufen, sie, die machtvollen Vollstrecker des Wortes und Willens Gottes. Beide Gesänge stehen im III. Modus, der von Natur aus – aufgrund seiner spannungsvollen Pendelbewegungen im Halbtonbereich *si-do* – sich als besonders geeignet erweist für eine musikalische Einkleidung dieses kraftvollen Textes. Der Text des Alleluia mit Vers *Sancte Michael* spricht von zwei Funk-

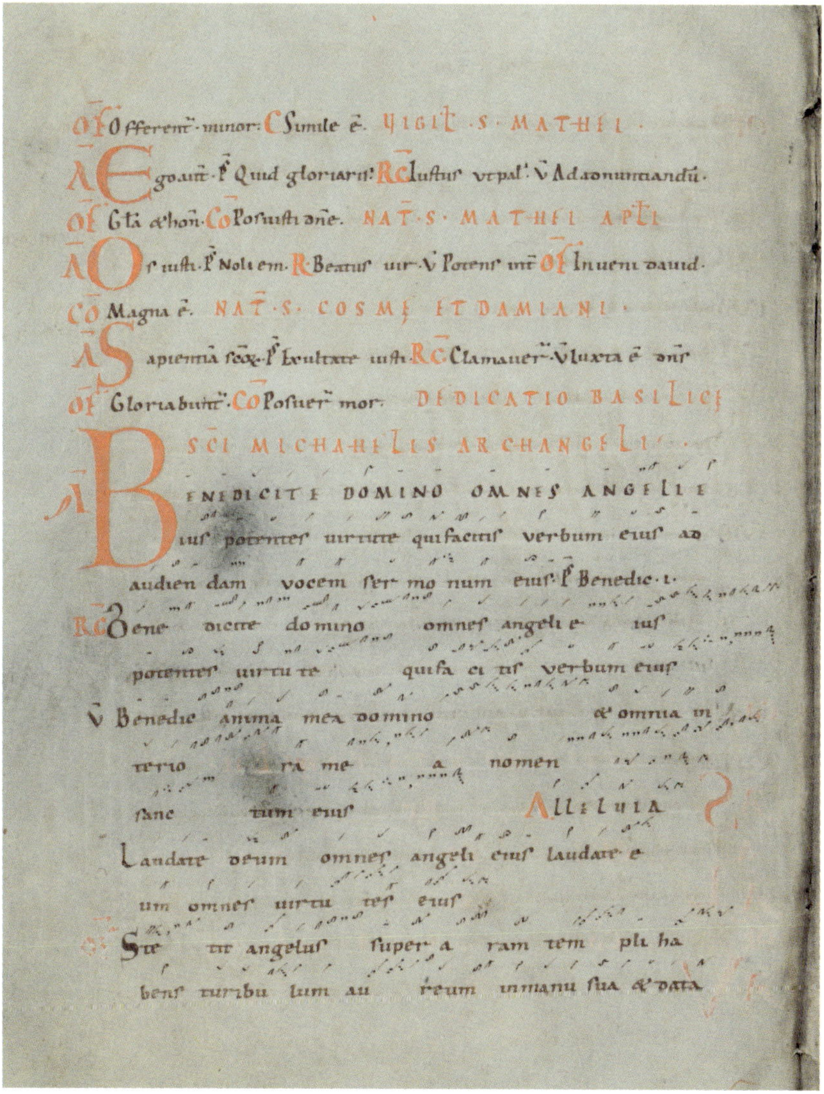

Introitus und Graduale *Benedicite Domino* aus St. Gallen, Codex 339, p. 141, Ende 10./Anfang 11. Jh., Stiftsbibliothek St. Gallen.

tionen, die die christliche Tradition und vor allem der Volksglaube dem Erzengel Michael zugeschrieben haben: die des Schutzgeistes in den diversen Kämpfen des Lebens und die des „Seelenwägers" beim Jüngsten Gericht. Text und Vertonung dieses Gesangs sind in keiner der maßgeblichen mittelalterlichen Handschriften bezeugt, und der Melodieverlauf mit großen Intervallsprüngen und mehrfachen meist stufenweisen Auf- und Abwärtsbewegungen über eine ganze Oktave zeigt mit aller Deutlichkeit an, dass es sich hier nicht mehr um ein Stück des gregorianischen Kernrepertoires handeln kann. Im Offertorium *Stetit Angelus*, einem Stück der Blütezeit gregorianischer Kompositionskunst, wurde ein neutestamentlicher Text aus der Offenbarung des Johannes vertont. Hier ist die Rede von einem Engel – vielleicht ist der Erzengel Michael gemeint –, der im Tempel Gott ein wohlriechendes Rauchopfer darbringt. Ein interessanter atmosphärischer Wechsel von temperamentvollen melodischen Aufschwüngen und ruhigeren Phasen im unteren Bereich des I. Modus durchzieht diese wunderbare Komposition und mündet am Ende in ein melismatisch gestaltetes Alleluia, das auch in rhythmischer Hinsicht ein markantes Profil zeigt. Schließlich werden in der Communio *Benedicite omnes Angeli* noch einmal alle Engel zum Lobpreis Gottes aufgerufen. Damit schließt sich der Kreis der inhaltlichen Aussagen, die schon im Introitus, im Graduale und im Offertorium anklangen. In das Lob Gottes, das die Engel Gott darbringen, soll auch die in der Feier der Eucharistie versammelte christliche Gemeinde einschwingen. Darin ist wohl der tiefste Sinn liturgischen Feierns am Fest des hl. Erzengels Michael zu sehen.

GESANGSTEXTE

Introitus *Benedicite Dominum* – Ps 102(103),20; V. Ps 102(103),1

Benedicite Dominum, omnes Angeli eius: potentes virtute, qui facitis verbum eius, ad audiendam vocem sermonum eius.	Preist den Herrn, alle seine Engel, ihr, die ihr mächtig und kraftvoll sein Wort erfüllt, um die Stimme seiner Worte zu hören!

V. Benedic anima mea Domino: et omnia quae intra me sunt, nomini sancto eius.	V. Preise, meine Seele, den Herrn, und alles, was in mir ist, preise seinen heiligen Namen!

Graduale *Benedicite Dominum* – Ps 102(103),20; V. Ps 102(103),1

Benedicite Dominum, omnes Angeli eius: potentes virtute, qui facitis verbum eius.	Preist den Herrn, alle seine Engel, ihr, die ihr mächtig und kraftvoll sein Wort erfüllt!
V. Benedic anima mea Dominum, et omnia interiora mea nomen sanctum eius.	V. Preise, meine Seele, den Herrn, und alles, was in mir ist, preise seinen heiligen Namen!

Alleluia / V. *Sancte Michael*

Alleluia.	Alleluia.
V. Sancte Michael Archangele, defende nos in proelio: ut non pereamus in tremendo iudicio.	V. Heiliger Erzengel Michael, verteidige uns im Kampf, damit wir nicht umkommen im Furcht erregenden Gericht!

Offertorium *Stetit Angelus* – Offb 8,3.4

Stetit Angelus iuxta aram templi, habens thuribulum aureum in manu sua: et data sunt ei incensa multa: et ascendit fumus aromatum in conspectu Dei, alleluia.	Ein Engel stand neben dem Altar des Tempels, ein goldenes Rauchfass in seiner Hand. Und es wurde ihm viel Weihrauch eingelegt, und wohlduftender Rauch stieg empor vor das Angesicht Gottes. Alleluia.

Communio *Benedicite omnes Angeli* – Dan 3,58; V. Dan 3,57

Benedicite omnes Angeli Domini Dominum: hymnum dicite, et superexaltate eum in saecula.	Preist, all ihr Engel des Herrn, den Herrn, rühmt und erhebt ihn in Ewigkeit!
V. Benedicite, omnia opera Domini, Domino: laudate et superexaltate eum in saecula.	V. Preist, alle Werke des Herrn, den Herrn, lobt und erhebt ihn in Ewigkeit!

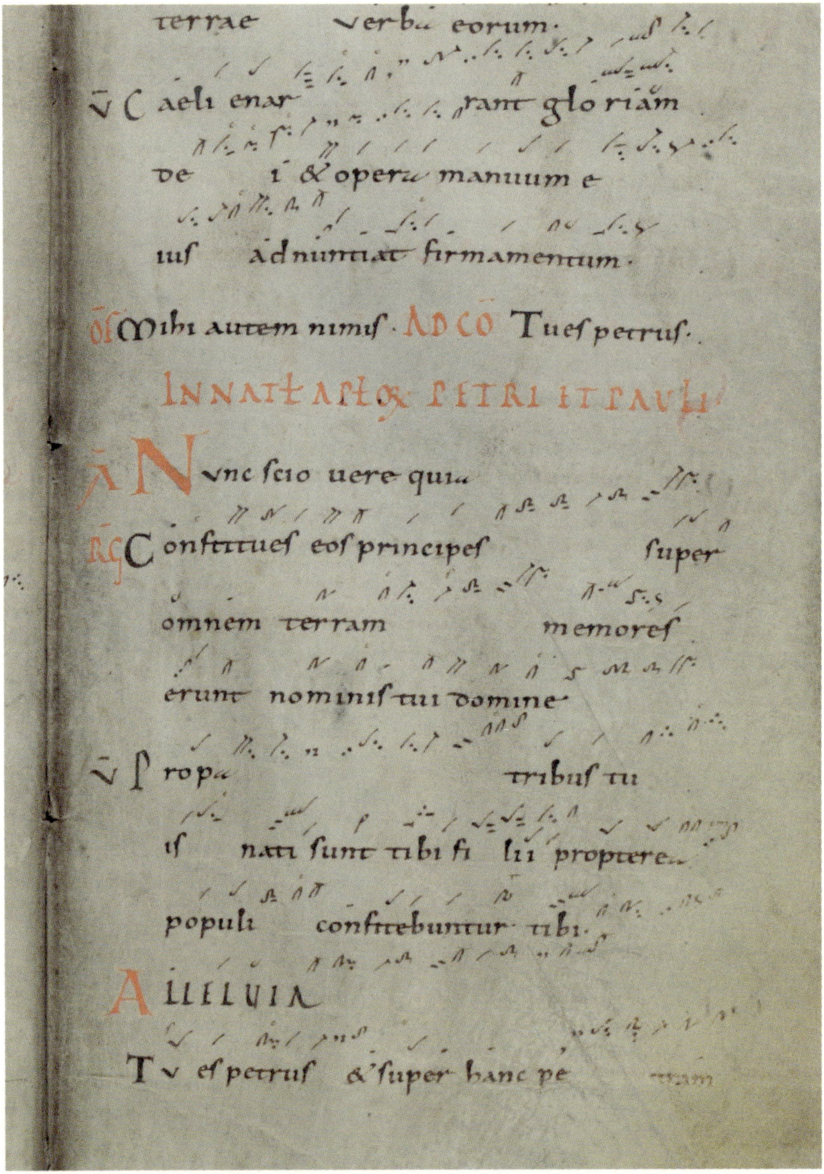

Graduale *Constitues eos* aus St. Gallen, Codex 359, p. 123, ca. 920, Stiftsbibliothek St. Gallen.

II. FESTE HEILIGER APOSTEL

1. Hochfest der hll. Apostelfürsten Petrus und Paulus am 29. Juni

Die Charaktere der an diesem Tag gefeierten Heiligen waren durchaus unterschiedlich, wenn nicht sogar gegensätzlich. Der vormalige Fischer Simon (Petrus) war bei aller Begeisterung für seinen Meister Jesus Christus mit einem gewissen anfänglichen Hang zu zauderndem Verhalten und mangelhafter Standfestigkeit behaftet. Dies zeigte sich nicht nur, als er Jesus zu Beginn seiner Passion verleugnete, sondern auch in seinem zögerlichen Umgang mit der Frage, ob für die Aufnahme der Heiden in die christliche Gemeinde die vorausgehende Beschneidung nach jüdischem Gesetz erforderlich sei. Auf der anderen Seite der Theologe Paulus, der nach seiner Bekehrung vor den Toren von Damaskus als eifriger Verfechter der Freiheit aller Christen von jüdischem Gesetz, gerade auch der vormaligen Heiden, auftrat (zu alledem vgl. u. a. Gal 2,11-21; 3,1-29; 4,8-31). Dennoch, trotz anfänglicher Differenzen fanden sich beide Apostel dann doch geeint in der Überzeugung wieder, den Heiden für die Aufnahme in die christliche Gemeinde nicht die Last des jüdischen Gesetztes aufbürden zu dürfen, wie die Rede des Petrus auf dem Apostelkonzil von Jerusalem auf beeindruckende Weise zeigt (vgl. Apg 15,1-21). So wurden beide Apostel zu Säulen der frühen Kirche, der eine von Jesus als „Fels“ und damit als Haupt der christlichen Gemeinde eingesetzt, der andere als Völkerapostel, der die Botschaft von Jesus Christus in alle Welt getragen hat. Schließlich führte sie ihr Weg nach Rom, wo sie unter Kaiser Nero den Märtyrertod erlitten.

Der Rang und die Bedeutung dieses Apostelfestes sind ebenfalls durch die Existenz zweier Messen, der Vigilmesse am Vorabend und der Festmesse am Tag selbst, klar hervorgehoben. Hier werden nur die Propriumsgesänge der Messe am Tag kurz analysiert. Drei der Gesänge enthalten neutestamentliche Texte: der Introitus, das Alleluia mit Vers und die Communio. Im Introitus *Nunc scio vere* mit Text aus der Apostelgeschichte (Apg 12,11) wird Petrus zitiert, nachdem er von Gott durch einen Engel aus der Kerkerhaft befreit wurde. Die Erleichterung und Freude des Petrus über die Rettungstat Gottes ist zu Beginn dieses Gesangs im IV. Modus (!) mit Händen zu greifen, wo bei den Worten „Nunc scio vere, quia misit Dominus Angelum suum" (Nun weiß ich gewiss, dass der Herr seinen Engel gesandt hat) der Komponist die Melodie auf kürzestem Weg in den Höhenbereich des III. Modus (!) führt und dadurch eine deutliche Hervorhebung dieser Textpassage erzielt. Die identischen Texte des Alleluia-Verses *Tu es Petrus* und der Communio *Tu es Petrus* sind dem Matthäusevangelium (Mt 16,18) entnommen und geben die Worte Jesu wieder, mit denen er Petrus zum Oberhaupt der Kirche bestellte. Für das Alleluia mit Vers wurde wieder die bekannte Typusmelodie im II. Modus gewählt. Die Communio zeichnet sich durch einen ruhigen, geradezu meditativen Melodieverlauf im VI. Modus aus, fernab jeglichen triumphalistischen Gehabes. – Dass diese drei Gesänge sich in ihren Texten ausschließlich auf den Apostel Petrus beziehen, hat wohl damit zu tun, dass bis zur Reform des liturgischen Kalenders nach dem Zweiten Vatikanischen Konzil am 29. Juni zwar beide Apostel festlich geehrt wurden, dass andererseits des Apostels Paulus noch in einer eigenen liturgischen Feier am Tag danach, am 30. Juni, gedacht wurde. – Die teilweise identischen Texte des Graduale *Constitues eos* und des Offertoriums *Constitues eos* sind Ps 44(45) entnommen und eignen sich vortrefflich für die liturgische Feier zu Ehren beider Apostelfürsten. Das Graduale im V. Modus strahlt wie viele Gradualia dieses Modus festlichen Charakter aus. Das Offertorium im III. Modus wartet darüber hinaus mit vielen, meist filigranen Tonreperkussionen auf, die dazu angetan sind, in Sängern und Hörern starke Emotionen und freudige Stimmung hervorzurufen.

GESANGSTEXTE

Introitus *Nunc scio vere* – Apg 12,11; V. Ps 138(139),2

Nunc scio vere, quia misit Dominus Angelum suum: et eripuit me de manu Herodis, et de omni exspectatione plebis Iudaeorum.	Nun weiß ich gewiss, dass der Herr seinen Engel gesandt hat, und er entriss mich der Hand des Herodes und aller Erwartung des Volkes der Juden.
V. Domine probasti me, et cognovisti me: tu cognovisti sessionem meam.	V. Herr, du hast mich geprüft und du kennst mich; du kennst mein Sitzen (und mein Aufstehen).

Graduale *Constitues eos* – Ps 44(45),17b.18a; V. Ps 44(45),17a.18c

Constitues eos principes super omnem terram: memores erunt nominis tui, Domine.	Du wirst sie als Herrscher über die ganze Erde einsetzen; sie werden deines Namens gedenken, Herr.
V. Pro patribus tuis nati sunt tibi filii: propterea populi confitebuntur tibi.	V. An die Stelle deiner Väter wurden dir Söhne geboren, deshalb werden die Völker dich preisen.

Alleluia / V. *Tu es Petrus* – Mt 16,18

Alleluia.	Alleluia.
V. Tu es Petrus, et super hanc petram aedificabo Ecclesiam meam.	V. Du bist Petrus, und auf diesen Felsen will ich meine Kirche bauen.

Offertorium *Constitues eos* – Ps 44(45),17.18

Constitues eos principes super omnem terram: memores erunt nominis tui, in omni progenie et generatione.	Du wirst sie als Herrscher über die ganze Erde einsetzen; sie werden deines Namens gedenken von Geschlecht zu Geschlecht.

Communio *Tu es Petrus* – Mt 16,18; V. Ps 79(80),2

Tu es Petrus, et super hanc petram aedificabo Ecclesiam meam.	Du bist Petrus, und auf diesen Felsen will ich meine Kirche bauen.

V. Qui regis Israel, intende: qui deducis velut ovem Ioseph.	V. Der du Israel regierst, hab acht, der du Josef führst wie ein Schaf!

2. Fest des hl. Apostels Andreas am 30. November

Andreas, Sohn des Zebedäus, war wie sein Bruder Simon Petrus Fischer am See Gennesaret. Er war Anhänger des Wüstenpredigers Johannes des Täufers, bis dieser ihn auf Jesus, „das Lamm Gottes" (Joh 1,36), hinwies. Von der ersten Begegnung mit Jesus war Andreas so begeistert, dass er sofort seinem Bruder Simon Petrus davon erzählte und diesen Jesus zuführte (vgl. Joh 1,40-42). Nach dem Johannesevangelium war somit Andreas der Erstberufene der zwölf Jünger Jesu. Von einer gewissen privilegierten Stellung des Andreas im Kreis der Apostel ist auch in Mk 13,3 die Rede, wonach Jesus sich nur mit Petrus, Jakobus, Johannes und Andreas auf dem Ölberg befand. Und in Joh 6,8 f. weist Andreas im Zusammenhang mit der wunderbaren Speisung der Volksmenge auf einen kleinen Jungen hin, der fünf Gerstenbrote und zwei Fische dabei hat.

Nach einer kirchlichen Überlieferung soll Andreas das Evangelium in Kleinasien und Russland verkündet haben. Da er als Gründer des Bischofssitzes von Konstantinopel gilt, versteht sich noch heute der orthodoxe Patriarch von Konstantinopel als Nachfolger des Apostels Andreas. Schließlich soll Andreas am 30. November des Jahres 60 an einem x-förmigen Kreuz, dem „Andreaskreuz", den Märtyrertod erlitten haben. Auf Umwegen wurden seine sterblichen Überreste um 1200 nach Amalfi im Golf von Salerno überführt, wo sie seitdem im dortigen Dom Sant'Andrea aufbewahrt werden.

Alle fünf für das Fest des hl. Apostels Andreas vorgesehenen Messgesänge sind in den ältesten Neumenhandschriften ab dem 10. Jh. und mit Ausnahme des Alleluia in den noch früheren Textquellen ab dem 8./9. Jh. bezeugt. Der Text des Introitus *Dominus secus mare* nach Mt 4,18 .19 berichtet von der Berufung der Brüder Simon Petrus und Andreas zu Jüngern Jesu. Aus der relativ schlichten Komposition ragen zwei Stellen durch Höherführung der Melodie deutlich heraus: „secus mare Galilaeae“ (entlang des Meeres von Galiläa = des Sees Gennesaret) und „et vocavit eos“ (und er berief sie). Das Graduale *In omnem terram* mit seinem zielstrebig und frei dahinfließenden Melodieverlauf in der bekannten Typusmelodie im II. Modus eignet sich besonders gut, die von den Aposteln in alle Welt verkündete Frohe Botschaft, von der im Text des Chorstückes in neutestamentlicher Deutung die Rede ist („In omnem terram exivit sonus eorum“ – In alle Welt ging der Klang ihrer Botschaft hinaus; „et in fines orbis terrae verba eorum“ – und bis zu den Enden des Erdkreises ihre Worte), in eine adäquate musikalische Form zu gießen. Der nicht der Bibel entnommene Text des Alleluia-Verses *Dilexit Andream* spricht von der Liebe Jesu zu Andreas („Dilexit Andream Dominus“). Und diese Liebe fühlt sich an wie süßer Duft („in odorem suavitatis“). Die Vorstellung eines süßen Duftes hat offensichtlich den Komponisten dieses Stückes dazu inspiriert, die beiden Worte „odorem“ und „suavitatis“ mit nicht enden wollenden Melismen auszustatten. Das Offertorium *Mihi autem nimis* mit Text aus Psalm 138(139),17 unterstreicht in der Melodieführung – wie auch der gleichlautende Introitus zum Fest der hll. Apostel Simon und Judas Thaddäus – die hohe Ehre, die den Freunden Gottes zukommt. Und erneut – wie schon zweimal im Offertorium *Anima nostra* in der Festmesse der hll. Unschuldigen Kinder und einmal gleich zu Beginn des Introitus *Tibi dixit* vom Fest der hl. Maria Magdalena – findet sich auch hier bei „ni<u>mis</u> confortatus est“ (<u>überaus</u> erstarkt ist [ihre Herrschaft]) jene mehrtönige und rhythmisch subtil differenzierte Unisono-Formel, die nur besonders bedeutsamen textlichen Sinnschwerpunkten vorbehalten ist. Der Text der Communio *Dicit Andreas* verweist auf Joh 1,41.42, wo dem Bericht zufolge Andreas nach seiner ersten Begegnung mit Jesus begeistert seinem Bruder Simon Petrus davon erzählt, dies mit den Worten: „Wir haben den Messias gefunden“ („Invenimus Messiam“). So kann es denn auch nicht überraschen, dass sich gerade bei diesen beiden

Worten „Invenimus Messiam" der musikalische Höhepunkt dieses relativ kurzen, aber melodisch und rhythmisch sehr bewegten Gesangs findet.

GESANGSTEXTE

Introitus *Dominus secus mare* – Mt 4,18.19; V. Ps 18(19),2

Dominus secus mare Galilaeae vidit duos fratres, Petrum et Andream, et vocavit eos: Venite post me: faciam vos fieri piscatores hominum.	Der Herr sah entlang des Meeres von Galilaea zwei Brüder, Petrus und Andreas, und er berief sie: „Kommt und folgt mir nach, ich will euch zu Menschenfischern machen."
V. Caeli enarrant gloriam Dei: et opera manuum eius annuntiat firmamentum.	V. Die Himmel erzählen die Herrlichkeit Gottes, und von den Werken seiner Hände kündet das Firmament.

Graduale *In omnem terram* – Ps 18(19),5; V. Ps 18(19),2

In omnem terram exivit sonus eorum: et in fines orbis terrae verba eorum.	In alle Welt ging der Klang ihrer Botschaft hinaus, und bis zu den Enden des Erdkreises ihre Worte.
V. Caeli enarrant gloriam Dei: et opera manuum eius annuntiat firmamentum.	V. Die Himmel erzählen die Herrlichkeit Gottes, und von den Werken seiner Hände kündet das Firmament.

Alleluia / V. *Dilexit Andream*

Alleluia.	Alleluia.
V. Dilexit Andream Dominus in odorem suavitatis.	V. Der Herr liebte Andreas wie süßen Duft.

Offertorium *Mihi autem nimis* – Ps 138(139),17

Mihi autem nimis honorati sunt amici tui, Deus: nimis confortatus est principatus eorum.	Bei mir stehen hoch in Ehren deine Freunde, Gott, überaus erstarkt ist ihre Herrschaft.

Communio *Dicit Andreas* – Joh 1,41.42; V. Ps 33(34),4

Dicit Andreas Simoni fratri suo: Invenimus Messiam, qui dicitur Christus: et adduxit eum ad Iesum.	Andreas sagt seinem Bruder Simon (Petrus): „Wir haben den Messias gefunden, der Christus (der Gesalbte) genannt wird.“
V. In Domino gloriabitur anima mea: audiant mansueti et laetentur.	V. Im Herrn rühmt sich meine Seele, die Sanftmütigen sollen es hören und sich freuen.

3. Fest des hl. Apostels Jakobus des Älteren am 25. Juli

Wie Petrus und Andreas, gehörte auch Jakobus, der Sohn des Zebedäus und der Salome und Bruder des Johannes, zum Kreis der erstberufenen Apostel, denen in den Evangelien eine gewisse Vorangstellung eingeräumt wird. So nimmt nach Lk 8,51 Jesus nur Petrus, Johannes und Jakobus mit in das Haus des Synagogenvorstehers Jairus, wo er dessen Tochter vom Tod zum Leben erweckte. In Mt 17,1 sind es wiederum Petrus, Johannes und Jakobus, die Jesus auf den Berg der Verklärung begleiten. Und in Mt 26,37 werden dieselben drei Jünger zu Zeugen der Todesangst Jesu auf dem Ölberg angesichts seines bevorstehenden Leidens. Nach der Himmelfahrt Jesu hat Jakobus die Gemeinde von Jerusalem geleitet und nach Apg 12,37 unter König Herodes Agrippa I. im Jahr 43 als erster Märtyrer der Apostel den Tod durch Enthauptung erlitten. Andere kirchliche Überlieferungen spanischer Herkunft sind mit den Berichten der Apostelgeschichte schwer in Einklang zu bringen. Denen zufolge soll Jakobus sofort nach der Himmelfahrt Christi das Evangelium in Spanien verkündet haben. Und nach seinem gewaltsamen Tod in Jerusalem soll sein Leichnam per Schiff nach Galicien im Nordwesten Spaniens gebracht worden sein. Im Jahre 816 wurden seine Gebeine in Compostela beigesetzt, und zwar am 25. Juli. Über seinem Grab wurde, noch im 9. Jh., die Basilika Santiago de Compostela errichtet.

Dem hl. Apostel Jakobus ist im Laufe der Jahrhunderte die Verehrung als eines der bedeutendsten Heiligen weltweit zuteil geworden. Dies ganz besonders in Spanien, wo er bis zum heutigen Tag als Nationalheiliger verehrt wird, und in anderen spanisch sprechenden Ländern. Davon zeugen nicht zuletzt Städte, die seinen Namen tragen: neben Santiago de Compostela im Nordwesten Spaniens auch Santiago de Chile und Santiago de Cuba. Aber auch außerhalb dieser Länder, in der gesamten christlichen Welt, genießt Jakobus hohe Verehrung. Viele Kirchen auf dem ganzen christlichen Erdkreis sind ihm geweiht, und die Kathedrale von Santiago de Compostela ist gerade auch heute wieder Ziel vieler Pilger, die sich auf den „Jakobsweg" machen.

Angesichts der Bedeutung, die dem Apostel Jakobus dem Älteren seit jeher in der gesamten Christenheit sowohl des Ostens als auch des Abendlandes zukommt, ist man zunächst überrascht, dass sein Fest in den gregorianischen Handschriften bis zum 11. Jh., angefangen von den frühen Textquellen, nicht sehr gut und dazu noch sehr uneinheitlich repräsentiert ist. In letzteren kommt das Fest gar nicht vor, und auch im Cantatorium St. Gallen 359 (ca. 920) sowie in Einsiedeln 121 (2. Hälfte 10. Jh.) findet sich kein entsprechender Eintrag. Neumenhandschriften St. Gallener Herkunft des ausgehenden 10. und des 11. Jhs. wie Sankt Gallen 339, Minden/Wolfenbüttel 1008 und St. Gallen 376 verzeichnen das Fest, aber nur mit dem Incipit, d. h. dem jeweiligen Textanfang der Messgesänge, während sie bei anderen Apostelfesten die Gesänge mit vollständigem Text und vollständiger Neumierung notieren. Weiterhin: da für diese Buchedition eine einmalige Behandlung aller Gesänge vorgesehen ist, die Gesänge der Festmesse am 25. Juli bereits andernorts vergeben sind, empfahl es sich hier, auf die Gesänge der Vigilmesse am Vorabend auszuweichen. Im Text des Intoitus *Ego autem sicut oliva* aus Ps 51(52) rühmt sich der Psalmist, dass er im Unterschied zu boshaften und ungerechten Menschen der Barmherzigkeit Gottes vertraut hat („speravi in misericordia Dei mei“) und deshalb wie ein Ölbaum im Hause des Herrn reiche Frucht trägt („sicut oliva fructificavi in domo Domini“). Dies ist für ihn Grund genug, auch in Zukunft auf den Namen und die Güte Gottes zu bauen („... exspectabo nomen tuum, quoniam bonum est ...“). Der spannungsreiche Melodieverlauf im III. Modus hebt die Kernaussagen des Textes, so besonders die Passagen „sicut oliva fructificavi“, “speravi in misericordia Dei mei“ und „exspectabo nomen tuum“ klar heraus. Der Gerechte blüht wie die Palme, und wie eine Zeder des Libanon wird er reiche Frucht bringen. Das ist das Thema des Chorstückes des Graduale *Iustus ut palma*. Und dafür ist es recht und gut, die Barmherzigkeit und Treue Gottes Tag und Nacht zu verkünden,wie es im Solovers heißt. Diese freudige Botschaft auch musikalisch zu unterstreichen, eignet sich die Typusmelodie im II. Modus mit der ihr eigenen leuchtenden Klangfarbigkeit besonders gut. Für die Vigilmesse dieses Apostelfestes ist in den genannten Handschriften kein Alleluia angezeigt. Das Offertorium Gl*oria et honore* mit Text aus Ps 8 ist das Loblied auf einen Menschen, den Gott mit Ruhm und Ehre gekrönt und über die Werke seiner Hände gesetzt hat. Dies unterstreicht ein Melodieverlauf mit rhythmisch markantem Profil, in dem an mehreren Stellen pulsierende Unisono-Passagen eine emotional dichte Atmosphäre erzeugen. Schließlich wird in der Communio *Magna est gloria eius* die Herrlichkeit eines Menschen, an dem Gott sein Heil gewirkt hat, besungen, dies mit einer insgesamt schlichten Melodieführung, aus der aber das Wort „gloria“ (Herrlichkeit, Ruhm) deutlich herausragt.

GESANGSTEXTE

Introitus *Ego autem sicut oliva* – Ps 51(52),10.11; V. Ps 51(52),3

Ego autem sicut oliva	Ich aber bin wie ein Ölbaum,
fructificavi in domo	der Frucht bringt im Hause
Domini, speravi in misericordia	des Herrn, ich vertraue auf die
Dei mei: et exspectabo	Barmherzigkeit meines Gottes.
nomen tuum, quoniam	Und ich will auf deinen Namen

bonum est ante conspectum sanctorum tuorum.	bauen, denn er ist gütig im Angesicht deiner Frommen.
V. Quid gloriaris in malitia: qui potens es in iniquitate?	V. Was rühmst du dich der Bosheit, der du mächtig bist, Unrecht zu tun?

Graduale *Iustus ut palma* – Ps 91(92),13.14; V. Ps 91(92),3

Iustus ut palma florebit: sicut cedrus Libani multiplicabitur in domo Domini.	Der Gerechte wird wie eine Palme blühen, wie die Zeder des Libanon wird er sich vervielfältigen im Hause des Herrn.
V. Ad annuntiandum mane misericordiam tuam, et veritatem tuam per noctem.	V. Zu verkünden deine Barmherzigkeit bei Tag und deine Treue bei Nacht.

Offertorium *Gloria et honore* – Ps 8,6.7

Gloria et honore coronasti eum: et constituisti eum super opera manuum tuarum, Domine.	Mit Ruhm und Ehre hast du ihn gekrönt und ihn eingesetzt über die Werke deiner Hände, Herr.

Communio *Magna est gloria eius* – Ps 20(21),6; V. Ps 20(21),2

Magna est gloria eius in salutari tuo: gloriam et magnum decorem impones super eum, Domine.	Groß ist sein Ruhm ob deines Heils, Herrlichkeit und Pracht legst du auf ihn, o Herr.
V. Domine, in virtute tua laetabitur rex: et super salutare tuum exsultabit vehementer.	V. Herr, an deiner Macht erfreut sich der König, und über dein Heil frohlockt er gar sehr.

4. Fest der hll. Apostel Philippus und Jakobus des Jüngeren am 3. Mai

Die Tatsache, dass das Fest der Apostel Philippus und Jakobus des Jüngeren an ein und demselben Tag und mit ein und denselben Texten und Gesängen in Messe und Stundengebet begangen wird, hat wohl in erster Linie damit zu tun, dass gemäß kirchlicher Tradition beide Apostel in der im 4. Jh. erbauten römischen Basilika zu den

Zwölf Aposteln ihre letzte Ruhe gefunden haben und seitdem dort in besonderer Weise verehrt werden. Über biographische Daten beider Apostel ist wenig bekannt. Philippus stammte aus Betsaida in Galiläa und predigte die Frohe Botschaft in Skythien in der heutigen Ukraine, wo er vermutlich um das Jahr 81 den Märtyrertod starb. Jakobus der Jüngere, Sohn des Alphäus – im Unterschied zu Jakobus dem Älteren, Sohn des Zebedäus – wirkte als Bischof von Jerusalem und erlitt dort um das Jahr 62 den Märtyrertod, indem man ihn von den Zinnen des Tempels stürzte. Nach kirchlicher Tradition ist er der Verfasser des Jakobusbriefes. Beide Jünger Jesu werden in den drei synoptischen Evangelien des Neuen Testamentes in Zusammenhang mit den Apostelberufungen sowie in der Apostelgeschichte, Kapitel 1,13, namentlich genannt. Über weitere Details zu Philippus berichtet das Johannesevangelium: Von der Berufung des Philippus ist in Joh 1,43 ff. die Rede. In Joh 6,5-7 stellt Jesus im Bericht über die wunderbare Brotvermehrung Philippus auf die Probe, der nicht glauben kann, dass mit wenigen Broten so viele Menschen gesättigt werden können. In Joh 12,20-22 tritt Philippus als Vermittler für einige Griechen auf, die Jesus sehen wollen. Schließlich bittet in Joh 14,8-10 Philippus Jesus, er möge ihm den Vater zeigen, worauf Jesus antwortet: „Wer mich sieht, der sieht auch den Vater".

Da das Fest der hll. Apostel Philippus und Jakobus immer in die nachösterliche Festzeit fällt, ist in den Gesängen dieser Festmesse kein Graduale vorgesehen. Die Wahl des Textes der Introitus-Antiphon *Exclamaverunt* aus Nehemia 9,27 ist wohl mit Bezug auf das Martyrium beider Apostel erfolgt. Der musikalische Höhepunkt findet sich gleich zu Beginn bei den Worten „Exclamaverunt ad te, Domine" (Sie schrieen auf zu dir, o Herr, [zur Zeit ihrer Drangsal]). Danach, im gesamten zweiten Satz bis zum Ende der Antiphon, beruhigt sich der Melodieverlauf, passend zur Erhörung durch Gott aus feindlichen Übergriffen, wovon im Text die Rede ist („et tu de caelo exaudisti eos" – und du hast sie vom Himmel her erhört). Der Text des Alleluia-Verses *Tanto tempore* ist dem Johannesevangelium, Kapitel 14, entnommen:

Auf die Bitte des Philippus hin, Jesus möge ihm den Vater zeigen, antwortet Jesus: „So lange schon bin ich bei euch, und ihr habt mich nicht erkannt. Philippus, wer mich sieht, sieht auch den Vater". Die Melodie dieses Gesangs ist größtenteils eine Adaptation des Alleluia mit Vers *Benedictus es* des Dreifaltigkeitssonntags. Das Offertorium *Confitebuntur caeli* mit Text aus Psalm 88(89),6 ist ein emphatisches Loblied auf die Wundertaten („mirabilia") und Treue („veritatem") Gottes inmitten der Gemeinde der Heiligen („in ecclesia sanctorum"). Dafür eignet sich vortrefflich ein Melodieverlauf im VII. Modus mit seinem weit nach oben ausgreifenden Tonumfang an mehreren Stellen. Schließlich greift der Text der Communio *Tanto tempore* noch einmal auf den Text des Alleluia-Verses zurück, ergänzt diesen jedoch um die Frage Jesu an Philippus: „Glaubst Du etwa nicht, dass ich im Vater bin und der Vater in mir ist?". Gerade in diesem hinzugefügten Fragesatz erreicht denn auch die Melodie den Höhepunkt des ganzen Stückes, sodass dieser Gesang zu einem eindrucksvollen Lobpreis Gottes des Vaters und seines wesensgleichen Sohnes Jesus Christus wird.

GESANGSTEXTE

Introitus *Exclamaverunt* – Neh 9,27; V. Ps 32(33),1

Exclamaverunt ad te, Domine, in tempore afflictionis suae, et tu de caelo exaudisti eos, alleluia, alleluia.	Sie schrieen auf zu dir, o Herr, zur Zeit ihrer Bedrängnis, und du hast sie vom Himmel her erhört, alleluia, alleluia.
V. Exsultate iusti in Domino: rectos decet collaudatio.	V. Jubelt, ihr Gerechten, im Herrn, den Redlichen ziemt der Lobgesang.

Alleluia / V. *Tanto tempore* – V. Joh 14,9

Alleluia.	Alleluia.
V. Tanto tempore vobiscum sum, et non cognovistis me? Philippe, qui videt me, videt et Patrem.	V. So lange schon bin ich bei euch, und ihr habt mich nicht erkannt? Philippus, wer mich sieht, sieht auch den Vater.

Offertorium *Confitebuntur caeli* – Ps 88(89),6

Confitebuntur caeli mirabilia tua Domine, et veritatem tuam in ecclesia sanctorum, alleluia, alleluia.	Preisen sollen die Himmel deine Wundertaten, Herr, und deine Treue in der Gemeinde der Heiligen, alleluia, alleluia.

Communio *Tanto tempore* – Joh 14,9 f.; V. Ps 32(33),2

Tanto tempore vobiscum sum, et non cognovistis me? Philippe, qui videt me, videt et Patrem, alleluia: non credis quia ego in Patre, et Pater in me est? Alleluia, alleluia.	So lange schon bin ich bei euch, und ihr habt mich nicht erkannt? Philippus, wer mich sieht, sieht auch den Vater, alleluia. Glaubst du nicht, dass ich im Vater bin, und der Vater in mir ist? Alleluia, alleluia.
V. Confitemini Domino in cithara: in psalterio decem cordarum psallite illi.	V. Preist den Herrn mit der Zither, spielt ihm auf der zehnsaitigen Harfe!

5. Fest des hl. Apostels Bartholomäus am 24. August

Bartholomäus stammt aus Kana in Galiläa. Er ist wohl identisch mit Natanael, von dem im Johannesevangelium, Kapitel 1,45-50, die Rede ist: Philippus sagte zu Natanael: „ Wir haben den gefunden, über den Mose im Gesetz und auch die Propheten geschrieben haben: Jesus aus Nazaret, den Sohn Josefs". Natanael: „Aus Nazaret? Kann von dort etwas Gutes kommen?" Und Jesus bescheinigt ihm: „Da kommt ein echter Israelit, ein Mann ohne Falschheit". Auch in Joh 21,2 wird ein Natanael unter den Jüngern aufgeführt, denen der Auferstandene am See von Tiberias erschienen ist. So ist Natanael wohl der Vorname des Apostels und Bartholomäus, wie er in den Apostellisten in Mt 10,1-4, Mk 3,14-19 und Lk 6,12-16 genannt wird, sein aramäischer Nachname, der sich aus „Bar-Tholmai" (Sohn des Tholmai) zusammensetzt.

Gemäß kirchlicher Überlieferung soll Bartholomäus das Evangelium in Indien, Mesopotamien und Armenien verkündet haben.

Dort, in Armenien, soll er auch den Märtyrertod erlitten haben, indem man ihm bei lebendigem Leib die Haut abzog und ihn dann mit dem Kopf nach unten kreuzigte. Nach einer anderen Quelle hingegen soll er enthauptet worden sein. Der Sarg mit seinem Leichnam soll an die Insel Lipari bei Sizilien angespült worden sein. Nach einer anderen Quelle sollen seine Gebeine 580 nach Lipari gebracht und dort bestattet worden sein. Von dort wurden sie 838 nach Benevent überführt, und schließlich ließ Kaiser Otto II. 983 sie von Benevent nach Rom bringen, wo sie seither in der Kirche San Bartolomeo auf der Tiberinsel aufbewahrt werden. Vieles von den hier wiedergegebenen Überlieferungen ist legendenhaft und somit historisch nicht gesichert. Dennoch erfreut sich der Heilige seit dem Mittelalter hoher Verehrung im christlichen Volk, und dies nicht zuletzt in Deutschland. So ist er der Schutzpatron der Stadt Frankfurt am Main, in dessen „Kaiserdom" die angebliche Hirnschale des Apostels aufbewahrt wird. Auch im Kloster Andechs am Ammersee werden Reliquien des Heiligen verehrt. Und nicht zuletzt ist bis heute St. Bartholomä am Königssee Ort eines im Volk beliebten religiösen Brauchtums, das Jahr für Jahr am 24. August, dem Fest des Apostels Bartholomäus, oder am Samstag danach viele Pilger und interessierte Touristen anzieht.

Was die Auswahl der Messgesänge am Fest des hl. Apostels Bartholomäus betrifft, stimmen die handschriftlichen Quellen nicht überein. Im folgenden wird jenen Messgesängen der Vorzug gegeben, die in Handschriften St. Gallener Herkunft des 11. Jhs. wie in Minden/Wolfenbüttel 1008 und St. Gallen 376 übereinstimmend bezeugt sind. Dabei wird auf eine erneute Kommentierung des Graduale *In omnem terram* und des Offertoriums *Constitues eos* verzichtet, da diese bereits im Zusammenhang mit dem Fest des Apostels Andreas bzw. dem Hochfest der Apostel Petrus und Paulus erfolgt ist. Der Text des Introitus *Iudicant sancti* aus dem Buch der Weisheit verheißt den Heiligen, d. h. den Frommen und Gottesfürchtigen, das Richteramt und die Herrschaft über die Heidenvölker, denn Gott selbst wird ihr König sein. Dies unterstreicht sehr deutlich der Melodieverlauf, der sich im ersten Satz bis in die Spitzenlagen des VII. Modus aufschwingt. Das Alleluia mit Vers *Nimis honorati sunt* präsentiert sich in der bekannten Typusmelodie im VIII. Modus, die sich sehr gut eignet zur musikalischen Ausgestaltung und Hervorhebung textlicher Sinnschwerpunkte, hier besonders bei dem Wort „confortatus" ([überaus] erstarkt [ist ihre Herrschaft]), das mit einem langen Melisma ausgeschmückt ist. Im Text der Communio *Amen dico vobis: quod vos* ist ein Jesus-Wort aus dem Matthäusevangelium überliefert, das denen, die Jesus nachgefolgt sind, hundertfachen Lohn und das ewige Leben verheißt. Aus dem insgesamt ruhigen Melodieverlauf sind lediglich die beiden Schlüsselbegriffe „centuplum" (Hundertfaches) und „vitam aeternam" (ewiges Leben) herausgehoben.

GESANGSTEXTE

Introitus *Iudicant sancti* – Weish 3,8; V. Ps 32(33),1

Iudicant sancti gentes, et dominantur populis: regnabit Dominus Deus illorum in perpetuum.	Die Heiligen richten über die Heiden und herrschen über die Völker. Der Herr regiert als ihr Gott in Ewigkeit.
V. Exsultate iusti in Domino: rectos decet collaudatio.	V. Freut euch, ihr Gerechten, im Herrn, den Redlichen ziemt der Lobgesang.

Alleluia / V. *Nimis honorati sunt* – Ps 138(139),17

Alleluia.	Alleluia.
V. Nimis honorati sunt amici tui, Deus: nimis confortatus est principatus eorum.	V. Hoch in Ehren stehen deine Freunde, Gott, überaus erstarkt ist ihre Herrschaft.

Communio *Amen dico vobis: quod vos* – Mt 19,28.29; V. Ps 20(21),2

Amen dico vobis: quod vos, qui reliquistis omnia, et secuti estis me,	Amen, ich sage euch, dass ihr, die ihr alles verlassen habt und mir nachgefolgt seid,

centuplum accipietis, et vitam aeternam possidebitis.
V. Domine, in virtute tua laetabitur rex: et super salutare tuum exsultabit vehementer.

das Hundertfache erhalten und das ewige Leben besitzen werdet.
V. Herr, an deiner Macht erfreut sich der König, und über dein Heil frohlockt er gar sehr.

6. Fest des hl. Apostels Thomas am 3. Juli

Thomas mit dem griechischen Beinamen Didymus (Zwilling) stammte aus Galiläa und übte den Beruf eines Fischers aus. Außer in den Apostellisten der vier Evangelien und der Apostelgeschichte ist er vor allem in einigen wichtigen Szenen des Johannesevangeliums präsent, die seine besondere Beziehung zu Jesus beleuchten. In Joh 11,16 erklärt Thomas seine Bereitschaft, mit Jesus zu gehen, um mit ihm zu sterben. In Joh 14,5 wird Thomas anlässlich des Abschiedsmahles Jesu mit den Jüngern mit den an Jesus gerichteten Worten zitiert: „Herr, wir wissen nicht, wohin du gehst. Wie sollen wir dann den Weg kennen?" Worauf ihm Jesus antwortet: „Ich bin der Weg und die Wahrheit und das Leben; niemand kommt zum Vater außer durch mich". Besonders anschaulich und eindrucksvoll ist die Szene in Joh 20,24-29: Am Abend des Auferstehungstages erschien Jesus den Jüngern, Thomas aber war nicht bei ihnen. Als diese ihm sagten: „Wir haben den Herrn gesehen", konnte er nicht glauben. Acht Tage später erschien Jesus den Jüngern erneut, und Thomas war bei ihnen. Jesus sagte zu Thomas: „Strecke deinen Finger aus – hier sind meine Hände! Strecke deine Hand aus und lege sie in meine Seite, und sei nicht ungläubig, sondern gläubig!" Darauf Thomas: „Mein Herr und mein Gott!" Dies war das entscheidende Erlebnis, das den Zweifler Thomas zum eifrigen Verkünder der Botschaft Christi machte. Von allen Aposteln ist er am weitesten gereist, zunächst nach Irak und Iran und dann bis nach Indien, wo er vor allem im Süden des Landes das Evangelium verkündet und sieben Kirchen gegründet hat. Noch heute bezeichnen sich die Christen dieses Landesteils als

„Thomaschristen". Auch er bezahlte seinen rastlosen Einsatz für die Sache Christi mit dem Leben: Um das Jahr 72 erlitt er bei Mailapur in Indien das Martyrium, und dort wurde er auch begraben. Später, wohl im 3. Jh., sollen seine Gebeine nach Edessa (in der heutigen Türkei) überführt worden sein. Und von dort gelangte im Jahr 1258 der größte Teil der Reliquien durch Teilnehmer an einem der Kreuzzüge nach Ortona in Italien, wo sie noch heute im Dom San Tommaso aufbewahrt werden. Der hl. Apostel Thomas wird als Patron von Indien verehrt und darüber hinaus als Patron mehrerer Berufe, darunter u. a. auch – wegen seiner Zweifel an der Auferstehung Jesu – der Theologen angerufen.

Die Suche nach einem Messproprium für das Fest des hl. Apostels Thomas in den Neumenhandschriften des 10. und 11. Jhs. erwies sich als sehr schwierig. Weder im Cantatorium St. Gallen 359 noch in Einsiedeln 121 und Minden/Wolfenbüttel 1008 findet sich ein Hinweis oder Vermerk. In St. Gallen 376 sind die Gesänge mit den Textanfängen verzeichnet, sie entsprechen aber nur zum Teil den in den aktuellen Gesangbüchern vorgesehenen Stücken. Und sowohl in St. Gallen 376 als auch in den aktuellen Ausgaben ist festzustellen, dass die dort vorgesehenen Gesänge bereits mehrfach anderen Apostelfesten zugeteilt wurden. Im folgenden versuche ich, einen Kompromiss einzugehen zwischen beiden Vorlagen. Der in St. Gallen 376 vorgesehene Introitus *Iudicant sancti* wurde bereits im Zusammenhang mit den Messgesängen am Fest des hl. Apostels Bartholomäus kommentiert. Für die Besprechung des Graduale *Nimis honorati sunt* und des Offertoriums *In omnem terram* verweise ich auf das Fest der hll. Apostel Simon und Judas Thaddäus. Bei den beiden verbliebenen Gesängen, dem Alleluia mit Vers und der Communio, folge ich dem Vorschlag der aktuellen Gesangbücher. Im Alleluia mit Vers *Gaudete iusti* werden die Gerechten aufgefordert, sich im Herrn zu freuen und ihm einen Lobgesang darzubringen. Der Melodieverlauf im IV. Modus legt nahe, dass es hier dem Komponisten besonders darauf ankam, jedem der Worte ein je eigenständiges melodisches und rhythmisches Profil zu verleihen, was diesen Gesang zu einem gelungenen Beispiel jenes Wort-Melodie-Stils macht, der für den Gregorianischen Choral so charakteristisch ist. Der Text der Communio *Mitte manum tuam* aus dem Johannesevangelium verweist auf jene Begegnung zwischen dem Auferstandenen und Thomas, die den Zweifler Thomas zum überzeugten Verkünder der Botschaft Christi machte. Als Communio des Zweiten Ostersonntags, des Weißen Sonntags, ist dieser Gesang von bemerkenswerter Einfachheit, ein Gesang, der jedoch eine gelöste und friedvolle Atmosphäre österlicher Freude ausstrahlt.

GESANGSTEXTE

Alleluia / V. *Gaudete iusti* – Ps 32(33),1

Alleluia.	Alleluia.
V. Gaudete iusti in Domino: rectos decet collaudatio.	V. Freut euch, ihr Gerechten, im Herrn, den Redlichen ziemt der Lobgesang.

Communio *Mitte manum tuam* – Joh,20,27; V. Joh 20,29

Mitte manum tuam, et cognosce loca clavorum, alleluia: et noli esse incredulus, sed fidelis, alleluia, alleluia.	Lege deine Hand (hinein) und erkenne die Spuren der Nägel, alleluia. Und sei nicht ungläubig, sondern gläubig, alleluia, alleluia.
V. Quia vidisti me, Thomas, credidisti: beati, qui non viderunt et crediderunt.	V. Weil du mich gesehen hast, Thomas, hast du geglaubt. Selig, die nicht gesehen und doch geglaubt haben.

7. Fest der hll. Apostel Simon und Judas Thaddäus am 28. Oktober

Dass das Fest der Apostel Simon und Judas Thaddäus an ein und demselben Tag begangen wird, hat wohl u. a. damit zu tun, dass beide Apostel gemäß einer kirchlichen Tradition Brüder und zusammen mit Jakobus dem Jüngeren Söhne des Alphäus gewesen sein sollen.

Darüber hinaus sollen sie auch zur näheren Verwandtschaft Jesu gehört haben. Lukas 6,15 führt Simon mit dem Beinamen „Zelot" (Eiferer) an. Bevor er sich Jesus anschloss, soll er Anhänger einer radikalen jüdischen Widerstandsbewegung gewesen sein, die die römische Besatzungsmacht aus Israel vertreiben wollte. Judas wird im Neuen Testament mit dem Beinamen „Thaddäus" erwähnt, der sich vom griechischen Namen „Thaddaios" herleitet und soviel wie „der Großmütige" oder „der Beherzte" bedeutet. Mit Ausnahme der Erwähnung in den Listen der Apostelberufungen finden sich im Neuen Testament zur Person des Apostels Simon keine weiteren Detailinformationen. Anders verhält es sich mit Judas Thaddäus: In Joh 14,22-24 wird er in den Abschiedsreden mit der an Jesus gerichteten Frage zitiert: „Herr, warum willst du dich nur uns offenbaren und nicht der Welt?", worauf ihm Jesus sinngemäß antwortet: Nur wer ihn, Jesus, liebt, ist auch offen für sein Wort und kann sein Wort verstehen. Zudem soll der Apostel Judas Thaddäus der Verfasser eines der sog. „katholischen Briefe" des Neuen Testamentes sein. Darin wird vor Irrlehrern und Gottlosen gewarnt, die danach trachten, die Gemeinde zu spalten, und denen das gerechte Gericht Gottes angedroht wird. Nach der Auferstehung Jesu sollen beide Apostel das Evangelium in Mesopotamien und Persien, im heutigen Irak und Iran, verkündet und viele zum Christentum bekehrt haben. Und dort sollen sie auch den Märtyrertod erlitten haben. Nach einer anderen Überlieferung soll Judas Thaddäus zusammen mit dem Apostel Bartholomäus in Armenien missioniert haben.

Das Messproprium zum Fest der hll. Apostel Simon und Judas Thaddäus ist in den ältesten gregorianischen Handschriften gut bezeugt. Der Introitus *Mihi autem*, der seit alters auch für andere Apostelfeste vorgesehen ist, besingt mit Worten des Psalms 138(139) die Freunde Gottes, die hoch in Ehren stehen, dies mit deutlichen melodischen Höhepunkten bei den parallelen Textgliedern „nimis honorati sunt" (Hoch in Ehren stehen [deine Freunde, Gott]) und „nimis confortatus est" (überaus erstarkt ist [ihre Herrschaft]). Das Graduale

Nimis honorati sunt greift im Chorstück auf dieselbe Textpassage aus Psalm 138(139) zurück, die dem Introitus zugrunde liegt, ergänzt diese jedoch im Soloteil um einen weiteren Vers aus demselben Psalm. Die hierfür gewählte schwungvoll und frei dahinfließende Typusmelodie der Gradualien im II. Modus eignet sich vortrefflich, diesem Text den passenden musikalischen Rahmen zu verleihen. Im Alleluia mit Vers *Sancti tui*, für dessen musikalische Einkleidung einmal mehr die Typusmelodie des Alleluia im II. Modus gewählt wurde, sind durch den Melodieverlauf vor allem die Textpassagen „Sancti tui" (deine Heiligen) und „gloriam regni tui" (die Herrlichkeit deines Königtums) deutlich herausgehoben. Der Text des Offertoriums *In omnem terram* aus Psalm 18(19) spricht – hier bezogen auf den liturgischen Kontext eines Apostelfestes – von der besonderen Breitenwirkung und Ausstrahlung der Verkünder des Wortes Gottes auf die ganze Welt. Der Emphase des Textes entspricht ein hochemotionaler Melodieverlauf von Anfang bis Ende des Stückes, der an mehreren Stellen eine besondere Steigerung durch melismatische Vertonungen erfährt. Noch deutlicher verweist die Communio *Ego vos elegi* mit Text aus Johannes 15,16 auf die Sendung der Apostel durch Jesus, aufzubrechen und die Botschaft vom Reich Gottes in aller Welt zu verkünden. Voraussetzung dafür ist die enge und bleibende Verbindung zwischen Jesus („Ego" = Ich) und dem Jünger („vos" = ihr). Dementsprechend deutlich hervorgehoben sind diese beiden Personalpronomina durch eine exponierte Höhenlage gleich zu Beginn des Stückes.

GESANGSTEXTE

Introitus *Mihi autem nimis* – Ps 138(139),17; V. Ps 138(139),1

Mihi autem nimis honorati sunt amici tui, Deus: nimis confortatus est principatus eorum.	Bei mir stehen hoch in Ehren deine Freunde, Gott, überaus erstarkt ist ihre Herrschaft.
V, Domine probasti me, et cognovisti me: tu cognovisti sessionem meam.	V. Herr, du hast mich geprüft und du kennst mich, du kennst mein Sitzen (und mein Aufstehen).

Graduale *Nimis honorati sunt* – Ps 138(139),17; V. Ps 138(139),18

Nimis honorati sunt amici tui, Deus: nimis confortatus est principatus eorum.	Hoch in Ehren stehen deine Freunde, Gott, überaus erstarkt ist ihre Herrschaft.
V. Dinumerabo eos: et super arenam multiplicabuntur.	V. Ich will sie genau zählen, und siehe, sie sind zahlreicher als Sand.

Alleluia / V. *Sancti tui* – Ps 144(145),10.11

Alleluia.	Alleluia.
V. Sancti tui, Domine, benedicent te: gloriam regni tui dicent.	V. Deine Heiligen, Herr, werden dich preisen und die Herrlichkeit deines Königtums verkünden.

Offertorium *In omnem terram* – Ps 18(19),5

In omnem terram exivit sonus eorum: et in fines orbis terrae verba eorum.	In alle Welt ging der Klang ihrer Botschaft hinaus, und bis zu den Enden des Erdkreises ihre Worte.

Communio *Ego vos elegi* – Joh 15,16; V. Ps 88(89),4

Ego vos elegi de mundo, ut eatis, et fructum afferatis: et fructus vester maneat.	Ich habe euch erwählt aus der Welt, damit ihr hingeht und Frucht bringt und damit eure Frucht bleibe.
V. Disposui testamentum electo meo: iuravi David servo meo.	V. Ich habe einen Bund für meinen Erwählten aufgestellt, ich habe David, meinem Knecht, geschworen

8. Fest des hl. Apostels Matthias am 14. Mai

Matthias ist vermutlich in Betlehem geboren. Er soll Schriftgelehrter gewesen sein, habe sich jedoch schon in jungen Jahren Jesus angeschlossen und soll dem Kreis der 72 Jünger angehört haben, die Jesus zur Verkündigung seiner Botschaft ausgesandt hat (vgl. Lk 10,1-16). Nach dem Tod des Iudas Iskariot wurde er durch das Los zum zwölften Apostel erwählt. Davon berichtet die Apstelgeschichte in Kapitel 1,15-26. Später soll Matthias in Jerusalem und Äthiopien das Evangelium verkündet haben. Dort, entweder in Jerusalem oder in Äthiopien, habe er um das Jahr 63 das Martyrium durch Steinigung und nachfolgender Enthauptung erlitten. Nach einer anderen Quelle sei er keines gewaltsamen Todes, sondern friedlich gestorben. Ungefähr 250 Jahre nach seinem Tod wurden seine Gebeine auf Betreiben der hl. Helena nach Rom und schließlich nach Trier überführt, wo sie bis heute in der Kirche der dortigen Benediktinerabtei St. Matthias aufbewahrt werden und Ziel vieler Pilger sind. Dass auf diese Weise die Bischofsstadt Trier der einzige Ort nördlich der Alpen ist, der ein Apostelgrab beherbergt, hat erheblich zu einer gesteigerten Verehrung des hl. Apostels Matthias in Deutschland beigetragen.

Was die Messgesänge zum Fest des hl. Apostels Matthias betrifft, ist unter den St. Gallener Neumenhandschriften des ausgehenden 10. und des 11. Jhs. eine nahezu perfekte Übereinstimmung festzustellen. Doch berücksichtigen diese Handschriften den früheren, vorkonziliaren Festtagstermin am 24., im Schaltjahr 25. Februar. Im Zuge der für die Gesamtkirche gültigen Reform des liturgischen Kalenders nach dem Zweiten Vatikanischen Konzil wurde aber das Fest des hl. Apostels Matthias vom 24. bzw. 25. Februar auf den 14. Mai und damit so gut wie immer in die Osterzeit verlegt. Aus diesem Grund empfahl es sich, hier nicht den mittelalterlichen Handschriften zu folgen, sondern der Auswahl der Gesänge für die Osterzeit in den aktuellen Ausgaben, dem Graduale Romanum 1974, Graduale Triplex 1979 und Graduale Novum, Bd. II (2018), den Vorzug zu geben. Der Introitus *Vocem iucunditatis*, ursprünglich und zuallererst der Introitus des 6. Ostersonntags, ist ein wahrhaft festlicher Auftakt dieser Messfeier. Sein Text, der Jes 48,20 nachempfunden ist, spricht von der freudigen und befreienden Wirkung der Botschaft, die überall hin, bis zu den Enden der Erde, verkündet werden soll. Die Melodie im III. Modus ist wie geschaffen, diesem hochemotionalen Text einen entsprechenden musikalisch-künstlerischen Rahmen zu verleihen. Das Alleluia mit Vers *Ego vos elegi* ist in der einen oder anderen späteren mittelalterlichen Handschrift enthalten und stellt über weite Strecken eine Adaptation eines älteren, in den Handschriften gut bezeugten Alleluia dar: des Alleluia mit Vers *Iusti epulentur*. Der Text aus Joh 15,16.19 weist eine sehr eindrückliche und feierliche Vertonung auf, wobei vor allem der Schlussteil des Verses bei „et fructus vester maneat“ (und eure Frucht soll bleiben) mit nicht enden wollenden Melismen ausgeschmückt ist. Eine musikalisch besonders beeindruckende Komposition ist das Offertorium *Repleti sumus* mit Text aus Ps 89(90),14. Es stellt einen emphatischen Lobgesang auf die Barmherzigkeit Gottes dar, von der sich der Psalmist und mit ihm alle gottesfürchtigen Menschen beschenkt wissen. Viele bald zartere bald sehr gewichtige unisonische Pulsationen im Schlusssatz tragen der dem Text entsprechenden freudigen Emotion Rechnung. Für die Communio *Ego vos elegi* verweise ich auf die kurze Besprechung im Zusammenhang mit den Messgesängen am Fest der hll. Apostel Simon und Judas Thaddäus.

GESANGSTEXTE

Introitus *Vocem iucunditatis* – vgl. Jes 48,20; V. Ps 65(66),1.2

Vocem iucunditatis annuntiate, et audiatur, alleluia: nuntiate usque ad extremum terrae: liberavit Dominus populum suum, alleluia, alleluia.	Mit Freudenstimme verkündet es, dass man es höre, alleluia. Tragt die Kunde bis an das Ende der Erde: Befreit hat der Herr sein Volk, alleluia, alleluia.
V. Iubilate Deo omnis terra, psalmum dicite nomini eius: date gloriam laudi eius.	V. Jubelt Gott zu, alle Lande, singt einen Psalm zur Ehre seines Namens, verherrlicht ihn mit Lobpreis!

Alleluia / V. *Ego vos elegi* – Joh 15,16.19

Alleluia.	Alleluia.
V. Ego vos elegi de mundo, ut eatis, et fructum afferatis: et fructus vester maneat.	V. Ich habe euch erwählt aus der Welt, damit ihr hingeht und Frucht bringt; und eure Frucht soll bleiben.

Offertorium *Repleti sumus* – Ps 89(90),14

Repleti sumus mane misericordia tua: et exsultavimus, et delectati sumus, alleluia, alleluia.	Am Morgen wurden wir erfüllt mit deiner Barmherzigkeit; darüber frohlockten wir und freuten uns, alleluia, alleluia.

III. FESTE DER VIER HEILIGEN EVANGELISTEN

1. Fest des hl. Apostels und Evangelisten Matthäus am 21. September

Matthäus stammte aus Kafarnaum, einem Fischerdorf am See Gennesaret. Er übte den Beruf eines Zöllners in Diensten der römischen Besatzungsmacht aus. Von seiner Berufung zum Jünger Jesu berichten alle drei Synoptiker: In Mt 9,9 wird er mit dem Namen Matthäus geführt, in Mk 2,14 und Lk 5,27 f. mit dem Namen Levi. Gemäß ungebrochener kirchlicher Tradition ist Matthäus der Verfasser des Matthäusevangeliums, was jedoch von einigen Vertretern der modernen Bibelwissenschaft in Frage gestellt bzw. als unwahrscheinlich angesehen wird. Letztere sind der Meinung, dass es sich bei dem Autor des Matthäusevangeliums eher um einen Christen einer syrischen judenchristlichen Gemeinde handelt. Nach kirchlicher Überlieferung soll Matthäus das Evangelium in Äthiopien, Mesopotamien und Persien verkündet haben. Um das Jahr 65 habe er in Äthiopien das Martyrium erlitten, indem er am Altar stehend rückwärts mit einer Lanze durchbohrt wurde. 1084 sollen seine Gebeine nach Paestum am Golf von Salerno und im gleichen Jahr noch in die Stadt Salerno überführt worden sein. Dort wird Matthäus seither als Stadt- und Bistumspatron verehrt. Darüber hinaus wird er auch, passend zu seinem früheren Beruf als Zöllner, als Schutzpatron der Buchhalter, Geldwechsler, Finanz- und Bankleute angerufen.

Die für das Fest des hl. Apostels und Evangelisten Matthäus in den aktuellen gregorianischen Gesangbüchern vorgesehenen Messgesänge sind in den mittelalterlichen Handschriften – mit Ausnahme des Alleluia mit Vers – gut bezeugt. Der Introitus *Os iusti* ist auch für das Fest des hl. Benedikt vorgesehen und wird dort kommentiert. Das

Graduale *Beatus vir* im V. Modus präsentiert sich nicht – mit Ausnahme zweier Formeln in der Mitte und am Ende des Soloverses – mit stereotypen Versatzstücken, aus denen sich die meisten Gradualien im V. Modus zusammensetzen. Dadurch fühlte sich der Komponist frei, ihm wichtig erscheinende Worte und Textpassagen individuell und ihrer Bedeutung angemessen zu vertonen. So überrascht schon der erste Satz des Chorstückes „Beatus vir, qui timet Dominum" (Selig der Mann, der den Herrn fürchtet) mit einem Melodieverlauf, für den in den Neumenhandschriften fast durchgehend gedehnte Noten angezeigt werden. Und im zweiten Satz des Chorstückes „in mandatis eius cupit nimis" (nach seinen Geboten verlangt er gar sehr) nimmt die Melodie aus der Tiefe Anlauf und erreicht mit schwungvoll aufsteigenden Tonbewegungen bei „cupit" (er verlangt, er freut sich) den Höhepunkt. Im zweiten Teil des Stückes, im Solovers, mischen sich viele unisonische Pulsationen in das Klanggemälde, was der Bedeutung des Textes geschuldet ist, der von der Macht und dem Segen der Nachkommenschaft eines gerechten und gottesfürchtigen Menschen spricht, und dazu angetan ist, in Sänger und Hörer freudige Emotionen hervorzurufen. Die Melodie des Alleluia mit Vers *Te gloriosus* ist eine Adaptation des älteren Alleluia mit Vers *Te martyrum*. Im Text ist die Rede vom Lobgesang, den der Chor der Apostel dem Herrn darbringt. Wie im Original ist auch hier dem Wort „laudat" (er lobt) der melodische und expressive Höhepunkt des Soloverses vorbehalten. Im Text des Offertoriums *Inveni David* aus Ps 88(89),21.22 ist von David die Rede, den Gott mit heiligem Öl gesalbt hat und dem er seinen machtvollen Beistand zusichert. Ein ruhiger und sehr stabiler Melodieverlauf gewährleistet die diesem Text angemessene musikalische Stütze. Die Communio *Magna est gloria* wurde bereits im Zusammenhang mit dem Messproprium am Fest des hl. Apostels Jakobus des Älteren kommentiert.

GESANGSTEXTE

Graduale *Beatus vir* – Ps 111(112),1; V. Ps 111(112),2

Beatus vir, qui timet Dominum: in mandatis eius cupit nimis.	Selig der Mann, der den Herrn fürchtet, nach seinen Geboten verlangt er gar sehr.
V. Potens in terra erit semen eius: generatio rectorum benedicetur.	V. Mächtig auf der Erde werden seine Nachkommen sein; das Geschlecht der Redlichen wird gesegnet.

Alleluia / V. *Te gloriosus* – vgl. Hymnus *Te Deum laudamus*, V. 9

Alleluia.	Alleluia.
V. Te gloriosus Apostolorum chorus laudat, Domine.	V. Dich lobt der glorreiche Chor der Apostel, Herr.

Offertorium *Inveni David* – Ps 88(89),21.22

Inveni David servum meum, et in oleo sancto unxi eum: manus enim mea auxiliabitur ei, et brachium meum confortabit eum.	Ich habe David, meinen Knecht, gefunden, und mit heiligem Öl habe ich ihn gesalbt. Ja, meine Hand wird ihm zu Hilfe kommen und mein Arm ihm Kraft verleihen.

2. Fest des hl. Evangelisten Markus am 25. April

Markus, mit vollem Namen Johannes Markus, war nach altkirchlicher Überlieferung ein zum Christentum bekehrter Jude aus Jerusalem, was in der heutigen Bibelwissenschaft durchaus kontrovers diskutiert wird. Er gilt als der Verfasser des nach ihm benannten Evangeliums. Von allen vier Evangelien ist das Markusevangelium das älteste, und als solches diente es als inhaltliche Vorlage für die Evangelien des Matthäus und Lukas. Der Name Markus bzw. Johannes Markus wird in dem ihm zugeschriebenen Evangelium kein einziges Mal genannt. In anderen Schriften des Neuen Testamentes wird der Name erwähnt, so in Apg 12,12 und Apg 13,4-13, wo Markus als Begleiter des

Paulus auf dessen erster Missionsreise genannt wird; darüber hinaus in Kol 4,10 und in 2 Tim 4,11, wo Paulus während seiner zweiten römischen Haft seinen Schüler Timotheus bittet, ihn zusammen mit Markus in Rom zu besuchen. Nach 1 Petr 5,13 war Markus tatsächlich in Rom bei Petrus, der ihn seinen „Sohn" nennt. Die erste Missionsreise des Paulus soll Markus nach Antiochia in Pisidien (in der heutigen Türkei) geführt haben. Später soll Paulus ihn nach Aquileia und anschließend nach Alexandria in Ägypten gesandt haben. Dort soll er als erster Bischof der christlichen Gemeinde gewirkt und so maßgeblich zur Gründung der koptischen Kirche beigetragen haben. Die koptische Kirche verehrt ihn noch heute als ihren ersten Papst. Und dort, in Alexandria, soll er am 25. April des Jahres 68 n. Chr. das Martyrium erlitten haben. Seine Gebeine wurden 828 aus Alexandria geraubt und nach Venedig gebracht, wo wenig später über seinem Grab der Dom San Marco erbaut wurde. Zwei Jahre später, im Jahr 830, soll ein Teil seiner Gebeine in die Benediktinerabtei Reichenau im Bodensee überführt worden sein, wo das dort errichtete Münster dem hl. Markus geweiht ist. Bis heute wird Markus als Schutzpatron sowohl von Venedig als auch der Insel Reichenau verehrt. Teile der Reliquien gab Papst Paul VI. aus Venedig dem koptischen Patriarchen von Alexandria als Zeichen interkonfessioneller Verständigung zurück.

Was das Messproprium zum Fest des hl. Markus betrifft, folge ich nicht den in den aktuellen gregorianischen Gesangbüchern vorgesehenen Gesängen, sondern orientiere mich an den St. Gallener Handschriften Sankt Gallen 339, Minden/Wolfenbüttel 1008 und Sankt Gallen 376, die ihrerseits ziemlich gut übereinstimmen. Wer gewohnt ist, nach den aktuellen Gesangbüchern zu singen, hat dadurch keinen Nachteil, denn die in den genannten St. Gallener Handschriften vorgesehenen Gesänge finden sich – mit Ausnahme des Alleluia – auch in den heutigen Ausgaben, dort allerdings an anderen Orten. Im Introitus *Sancti tui* mit Text aus Ps 144(145) ist von Heiligen die Rede, die Gott und sein Königtum lobpreisen. Die Melodie präsentiert sich in einer für einen Gesang im III. Modus ungewöhnlich schlichten Form, was wohl auch mit der Kürze des Textes zu tun hat. Dennoch entbehrt der Gesang nicht einer gewissen Spannung, was teils durch filigrane Unisono-Pulsationen, teils durch rhythmische Akzentuierungen an mehreren Stellen erreicht wird. Das Alleluia mit Vers *Caeli enarrant* findet sich nicht in den aktuellen Gesangbüchern, wurde jedoch in der Edition *Supplementum ad Graduale Romanum* von Alessandro DE LILLO (EOS-Verlag St. Ottilien 2019) veröffentlicht. Die Melodie ist identisch mit jener des Alleluia mit Vers *Domine Deus salutis meae* vom 18. Sonntag im Jahreskreis. „Caeli enarrant gloriam Dei" (Die Himmel erzählen die Herrlichkeit Gottes), so hebt der Alleluia-Vers an. Dem entspricht ein Melodieverlauf im III. Modus, der sich auf kurzem Weg und zielgerichtet aus der Tiefe in die höhere Lage aufschwingt und dort noch länger verweilt. Der zweite Satz „et opera manuum eius annuntiat firmamentum" (und von den Werken seiner Hände kündet das Firmament) mündet bei dem Wort „firmamentum" in ein ausgedehntes Melisma, das mit dem des Alleluia-Jubilus identisch ist. Das Offertorium *Confitebuntur caeli* wurde bereits anlässlich des Festes der hll. Apostel Philippus und Jakobus des Jüngeren besprochen. Schließlich werden im Text der Communio *Gaudete iusti* aus Ps 32(33) die Gerechten und Redlichen aufgefordert, sich im Herrn zu freuen und ihm den Lobpreis darzubringen. Die beiden Adressaten dieser Aufforderung, die „iusti" (die Gerechten) und die „rectos" (Akkusativ von „recti": die Redlichen), werden in der Vertonung mit einem sowohl melodisch als auch rhythmisch markanten Profil bedacht.

GESANGSTEXTE

Introitus *Sancti tui* – Ps 144(145),10.11; V. Ps 144(145),1

Sancti tui, Domine,	Deine Heiligen, Herr,
benedicent te:	sollen dich preisen, sie sollen
gloriam regni tui	von der Herrlichkeit
dicent, alleluia, alleluia.	deines Königtums erzählen.

V. Exaltabo te Deus meus Rex: et benedicam nomini tuo in saeculum, et in saeculum saeculi.	V. Ich will dich erheben, mein Gott und König, ich will deinen Namen preisen in Ewigkeit und für alle Zeit.

Alleluia / V. *Caeli enarrant* – Ps 18(19),2

Alleluia.	Alleluia.
V. Caeli enarrant gloriam Dei, et opera manuum eius annuntiat firmamentum.	V. Die Himmel erzählen die Herrlichkeit Gottes, und von den Werken seiner Hände kündet das Firmament.

Communio *Gaudete iusti* – Ps 32(33),1; V. Ps 32(33),2

Gaudete iusti in Domino, alleluia: rectos decet collaudatio, alleluia.	Freut euch, ihr Gerechten, im Herrn, alleluia; den Redlichen ziemt der Lobgesang, alleluia.
V. Confitemini Domino in cithara: in psalterio decem chordarum psallite illi.	V. Preiset den Herrn mit der Zither, auf der zehnsaitigen Harfe spielt ihm!

3. Fest des hl. Evangelisten Lukas am 18. Oktober

Über Herkunft, Leben, Tätigkeiten und Tod des Lukas konkurrieren viele Theorien miteinander. So wird schon die Frage, ob er judenchristlicher Abstammung oder Heidenchrist war, kontrovers diskutiert. Aber nach ungebrochener kirchlicher Überlieferung ist er der Verfasser sowohl des Lukasevangeliums als auch der Apostelgeschichte. Ob er Paulus auf dessen Missionsreisen begleitet hat, wie aus Kol 4,14 und 2 Tim 4,11 hervorzugehen scheint, ist umstritten und wird von einigen Forschern abgelehnt. Der Überlieferung nach soll Lukas aus Antiochia in Syrien stammen und als Bischof von Theben in Griechenland gestorben sein. Ob er das Martyrium erlitt, gilt als ungewiss. Seine Gebeine kamen 357 nach Konstantinopel und sehr viel später, im 12. Jh., nach Padua, wo sie seit 1562 in der Basilika Santa Giustina aufbewahrt und verehrt werden. Die Bedeutung seines Evangeliums besteht u. a. darin, dass wir ihm eine ausführliche Kindheitsgeschichte Jesu, angefangen von den Geschehnissen rund um die Geburt Jesu, verdanken. Nach Kol 4,14 soll er von Beruf Arzt gewesen sein. Wenn dem so ist, könnte dies erklären, warum in seinem Evangelium von so vielen Krankenheilungen berichtet wird. Ebenso bedeutsam ist die ihm zugeschriebene Apostelgeschichte, die u. a. sehr detaillierte Berichte über die urchristliche Gemeinde in Jerusalem, die Himmelfahrt Jesu und das Pfingstereignis, über Petrus als Leiter der Gemeinde, die Verhaftung und Steinigung des Stephanus, das Apostelkonzil und vor allem über die Missionsarbeit des Völkerapostels Paulus enthält. Da Lukas der Tradition zufolge sowohl Arzt als auch Maler gewesen sein soll, wird er als Patron sowohl der Ärzte, Chirurgen und Kranken als auch einiger künstlerischer Berufe verehrt.

Erneut gebe ich den in den St. Gallener Handschriften des 10./11. Jhs. verzeichneten Gesängen den Vorzug. Allerdings sind vier der dortigen Gesänge auch für andere Feste bestimmt: der Introitus *Ego autem sicut oliva* und das Graduale *Iustus ut palma* für das Fest des hl. Apostels Jakobus des Älteren sowie das Offertorium *Desiderium animae eius* und die Communio *Semel iuravi* für das Fest des hl. Ordensvaters Benedikt von Nursia. Anstelle der Communio *Semel iuravi* bietet sich hier die in den aktuellen Ausgaben vorgesehene Communio *Vos qui secuti estis me* an. Damit stehen nur zwei der Gesänge, das Alleluia mit Vers und die Communio, für eine kurze Besprechung an. Im Alleluia mit Vers *Beatus vir, qui timet* wird der Mann selig gepriesen, der den Herrn fürchtet und nach seinen Geboten verlangt. Ungewöhnlich ist dabei, dass die Melodie des Soloverses mit einer bekannten Formel der Gradualien des V. Modus endet. Darüber hinaus erfährt das erste Wort des Verses „Beatus“ (Selig [der Mann]) durch seine Vertonung eine besondere Hervorhebung. Die Communio *Vos qui secuti estis me* mit Text aus dem Matthäusevangelium kann wegen seiner äußersten Schlichtheit seine ursprüngliche Herkunft aus dem Repertoire der Offiziumsgesänge nicht verleugnen.

Dennoch zeichnet ihr Melodieverlauf die inhaltliche Bedeutung des Textes, die Übertragung des richterlichen Amtes an diejenigen, die Christus nachfolgen, feinfühlig nach.

GESANGSTEXTE

Alleluia / V. *Beatus vir, qui timet* – Ps 111(112),1

Alleluia.	Alleluia.
V. Beatus vir, qui timet Dominum: in mandatis eius cupit nimis.	V. Selig der Mann, der den Herrn fürchtet, nach seinen Geboten verlangt er gar sehr.

Communio *Vos qui secuti estis me* – Mt 19,28; V. Ps 18(19),2

Vos qui secuti estis me, sedebitis super sedes, iudicantes duodecim tribus Israel, dicit Dominus.	Ihr, die ihr mir nachgefolgt seid, werdet auf Thronen sitzen und die zwölf Stämme Israels richten, spricht der Herr.
V. Caeli enarrant gloriam Dei: et opera manuum eius annuntiat firmamentum.	V. Die Himmel erzählen die Herrlichkeit Gottes, und von den Werken seiner Hände kündet das Firmament.

4. Fest des hl. Apostels und Evangelisten Johannes am 27. Dezember

Unter den Jüngern Jesu nimmt der Apostel Johannes eine besondere Stellung ein. Er, Sohn des Fischers Zebedäus und Bruder des Apostels Jakobus des Älteren, wird im Johannesevangelium bezeichnet als „der Jünger, den Jesus liebte" (Joh 13,23). Diese seine besondere Nähe zu Jesus erwies sich als Treue bis zur letzten Konsequenz, indem er als Einziger aus der Schar der Apostel unter dem Kreuze Jesu bis zu dessen letztem Atemzug ausharrte. Und sie findet auch darin ihren Ausdruck, dass er als einer der Ersten zum leeren Grab kam und so zu einem der ersten Zeugen der Auferstehung Jesu wurde (vgl. Joh 20,2). Der christlichen Tradition zufolge ist der Apostel Johannes sowohl der Autor des vierten Evangeliums als auch der Autor der drei Johannesbriefe sowie der Offenbarung des Johannes, der Apokalypse. Schon seit der Frühzeit der Kirche gilt Johannes als der „Theologe“ unter den vier Evangelisten. Als Wappentier und Symbolfigur wird ihm deshalb der Adler zugeordnet, da er „höher steigt als die anderen [drei Evangelisten] und sich in die höchsten Regionen aufschwingt, so wie ein Adler sich zur Sonne erhebt“ (Hieronymus). Gemäß christlicher Tradition hat Johannes das Evangelium in Kleinasien verkündet, wo er sich in Ephesus niedergelassen hat und wo er auch um das Jahr 100 n. Chr. gestorben ist. Von Ephesus wurde er auf die Insel Patmos verbannt, wo er die Offenbarung des Johannes verfasst haben soll. Johannes ist der einzige aus dem Kreis der zwölf Apostel, der nicht den Märtyrertod gestorben ist. Zwar trachtete man auch ihm nach dem Leben, so gemäß zweier Legenden, denen zufolge er in Ephesus einen Becher mit Gift trinken sollte und in Rom an der Porta Latina in einen Kessel mit siedendem Öl geworfen wurde. Doch beide Versuche, ihm das Leben zu nehmen, konnten ihm nichts anhaben. So sollte sich das Wort Jesu erfüllen, dass jener Jünger (Johannes) nicht sterben werde bis zu seinem (Jesu) Wiederkommen (vgl. Joh 21,21-23).

Der Sonderstellung des hl. Apostels und Evangelisten Johannes begegnet man auch im Repertoire der gregorianischen Messproprien. So sind in den ältesten gregorianischen Handschriften alle fünf Gesänge – Introitus, Graduale, Alleluia mit Vers, Offertorium, Communio – an seinem Fest am 27. Dezember verzeichnet bzw. vollständig mit Text und Neumennotation wiedergegeben. Dies ist besonders für den Introitus *In medio Ecclesiae* und das Offertorium *Iustus ut palma* bemerkenswert, die in den alten Handschriften auch für andere Heiligenfeste Verwendung fanden, aber dort eben nur mit dem Textanfang verzeichnet sind. Die Textauswahl des Introitus *In medio ecclesiae* aus Sir 15,5 erweist sich als besonders geeignet, die Eucharistiefeier am Fest des „Theologen“ unter den vier Evangelisten zu eröffnen. Da ist die Rede davon, dass Gott ihm den Geist der Weisheit und des Verstandes eingegeben und ihm den Mund geöffnet hat, Gottes Wort zu verkünden. In der Melodieführung überrascht – vor allem im ersten Satz – eine Reihe filigraner Tonreperkussionen auf ein und derselben Tonstufe, durch die ein bemerkenswerter Zustand emotionaler Dichte erreicht wird, während sich im zweiten und dritten Satz die Melodie abwechslungsreich im Raum einer Oktave bewegt, im zweiten Satz bis zum hohen *do*, im dritten Satz bis zum tiefen *do*. Das Graduale *Exiit sermo* mit Text aus Joh 21,22.23, der die Verheißung enthält, jener Jünger (Johannes) werde nicht sterben bis zur Wiederkunft Christi, zeigt eine Vertonung, die ziemlich genau jener des bekannten Graduale *Christus factus est* entspricht, das in nachkonziliarer Zeit der Messe des Palmsonntags und der Feier vom Leiden und Sterben Christi am Karfreitag zugewiesen wurde. Man kann darüber spekulieren, was den/die „Komponisten" bewogen haben mag, beide Gradualien mit identischer Melodie auszustatten. Etwa die beiden mit dem Substantiv „mors" (Tod) und dem Verb „moriri" (sterben) gebildeten Aussagen „mortem autem crucis" ([... bis zum] Tod am Kreuz) bzw. „ ... non moritur" (... er stirbt nicht)? Tatsächlich weisen beide Passagen absolut dieselbe Melodieformel mit identischen rhythmischen Differenzierungen auf. Wie bei vielen anderen Heiligenfesten entlang des Kirchenjahres präsentiert sich auch das Alleluia mit Vers *Hic est discipulus ille* – mit Text aus Joh 21,24 – in der bekannten Typusmelodie im II. Modus. Bei aller Formelhaftigkeit des Melodieverlaufs ist jedoch den Erfordernissen des Textes gebührend Rechnung getragen. So sind die Schlüsselbegriffe des Textes wie „discipulus ille" (jener Jünger), „et scimus" (und wir wissen) sowie die Passage „quia verum est testimonium eius" (denn wahr ist sein Zeugnis) deutlich und markant hervorgehoben. Für das Offertorium *Iustus ut palma* verweise ich auf das Messproprium am Hochfest der Geburt des hl. Johannes des Täufers. Schließlich greift die Communio *Exiit sermo* noch einmal den Text des Graduale auf, ergänzt diesen jedoch an einer Stelle, während der Schlusssatz des Graduale „Tu me sequere" (Du folge mir!), der nicht Johannes,

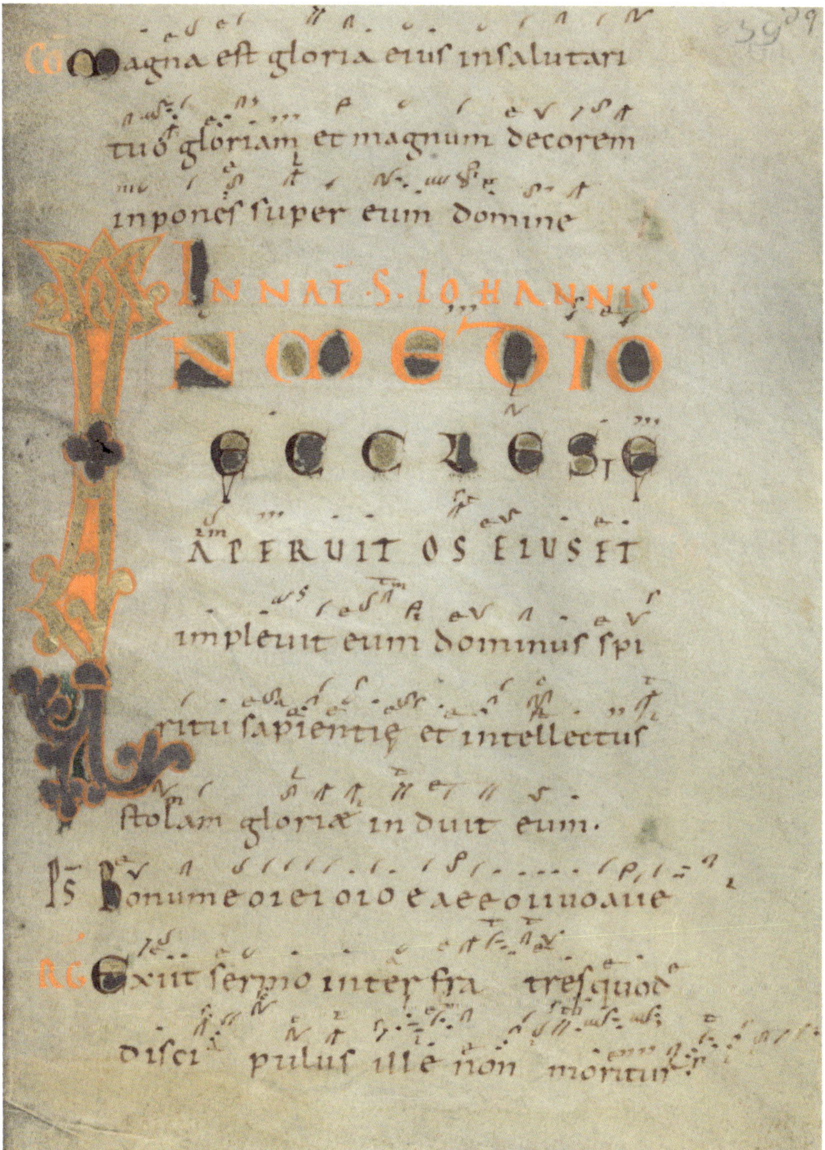

Introitus *In medio Ecclesiae* und Graduale *Exiit sermo* aus Einsiedeln, Codex 121, p. 39, 2. Hälfte 10. Jh., Stiftsbibliothek Einsiedeln.

sondern Petrus gilt, weggelassen wird. Ein Melodieverlauf bis in den Höhenbereich des I. Modus im Mittelteil und mit Abstieg bis in den unteren Grenzbereich des II. Modus im Schlussteil verleiht diesem Gesang ein bewegtes und abwechslungsreiches Profil.

GESANGSTEXTE

Introitus *In medio Ecclesiae* – Sir 15,5; V. Ps 91(92),2

In medio Ecclesiae aperuit os eius: et implevit eum Dominus spiritu sapientiae, et intellectus: stolam gloriae induit eum.	Inmitten der Kirche hat er seinen Mund aufgetan, und es erfüllte ihn der Herr mit dem Geist der Weisheit und der Einsicht. Mit dem Gewand der Herrlichkeit bekleidete er ihn.
V. Bonum est confiteri Domino: et psallere nomini tuo, Altissime.	V. Gut ist es, den Herrn zu preisen und deinem Namen zu lobsingen, Allerhöchster.

Graduale *Exiit sermo* – Joh 21,23a; V. Joh 21,23c.22c

Exiit sermo inter fratres, quod discipulus ille non moritur.	Es verbreitete sich unter den Brüdern das Gerücht, dass jener Jünger nicht stirbt.
V. Sed: Sic eum volo manere, donec veniam: tu me sequere.	V. Aber (Jesus hatte gesagt): Ich will, dass er so bleibt, bis ich wiederkomme. Du aber folge mir!

Alleluia / V. *Hic est discipulus* – V. Joh 21,24

Alleluia.	Alleluia.
V. Hic est discipulus ille, qui testimonium perhibet de his: et scimus quia verum est testimonium eius.	V. Dies ist jener Jünger, der darüber Zeugnis ablegt, und wir wissen, dass sein Zeugnis wahr ist.

Communio *Exiit sermo* – Joh 21,23; V. Ps 88(89),2

Exiit sermo inter fratres, quod discipulus ille non moritur: et non	Es verbreitete sich unter den Brüdern das Gerücht, dass jener Jünger nicht stirbt.

dixit Iesus: Non moritur: sed: Sic eum volo manere, donec veniam.

Doch Jesus sagte nicht: „Er stirbt nicht“, sondern: „Ich will, dass er so bleibt, bis ich wiederkomme“.

V. Misericordias Domini: in aeternum cantabo.

V. Die Barmherzigkeit des Herrn will ich ewig besingen.

IV. GEDENKTAGE DER VIER GROSSEN LATEINISCHEN KIRCHENVÄTER

Vorbemerkung

Ein gewisses Problem der folgenden Ausführungen dieses Kapitels besteht darin, dass in den aktuellen Gesangbüchern für die Gedenktage aller vier Kirchenväter – mit gelegentlichen Ausnahmen – mehrheitlich dieselben Propriumsgesänge vorgesehen sind. Dies trifft teilweise auch auf die mittelalterlichen Handschriften zu. Und doch steht dort, sofern man sich nicht nur auf eine einzige Handschrift beschränkt, eine größere Auswahl von Gesängen zur Verfügung. Aus diesem Grund werde ich mich hier bald an dieser, bald an jener Handschrift orientieren.

1. Gedenktag des hl. Ambrosius von Mailand am 7. Dezember

Ambrosius wurde im Jahr 339 in Trier als Sohn des römischen Statthalters für Gallien geboren. Der Name Ambrosius soll sich von der süßen Götterspeise Ambrosia herleiten. Darauf nimmt eine Legende Bezug, der zufolge sich auf den Kopf des Kindes Ambrosius ein Schwarm von Bienen niedergelassen habe, die aber den Knaben nicht verletzt, sondern süßen Honig in seinen Mund geträufelt haben. Ambrosius würde demnach bedeuten „der mit der honigsüßen Sprache“, was gerne mit Verweis auf die rhetorische Begabung des Ambrosius, seine Predigten und theologischen Schriften, darunter vor allem seine exegetischen Auslegungen, und nicht zuletzt auf seine künstlerische Tätigkeit als Dichter liturgischer Hymnen gedeutet wurde. Nach dem Tod des Vaters zog die Familie nach Rom, wo sich Ambrosius verschiedenen Studien widmete und von wo aus er sehr bald eine steile politische Karriere machte. 370 wurde er, mit 31 Jahren, zum Statthalter von Ligurien und der Emilia mit Sitz in Mailand ernannt. Und schon vier Jahre später, im Jahr 374, wurde Ambrosius zum Bischof von Mailand gewählt, obwohl er noch nicht einmal getauft war. Dieser Wahl gingen heftige Streitigkeiten zwischen dem rechtgläubig katholischen und dem arianischen Bevölkerungsanteil voraus. Die diplomatische Klugheit, mit der Ambrosius diese Streitigkeiten zu schlichten wusste, trugen ihm schließlich die Wahl zum Bischof ein. Binnen einer Woche wurde er dann getauft, zum Priester und am 7. Dezember zum Bischof geweiht. Sehr bald machte sich Ambrosius einen Namen als gefeierter Prediger und vielbeachteter theologischer und geistlicher Schriftsteller. Und immer wieder trat er als Verteidiger der Kirche gegenüber staatlichen Übergriffen auf. Bekannt ist der ihm zugeschriebene Satz: „Der Kaiser steht innerhalb der Kirche, nicht über ihr". Und zeitlebens hatte er den katholischen Glauben gegenüber der arianischen Irrlehre zu verteidigen, die die Gottheit Christi leugnete.

Ein besonderer Schwerpunkt des Wirkens des hl. Ambrosius als Bischof von Mailand war die Liturgie. Auf ihn wird die ambrosianische Liturgie der Diözese Mailand zurückgeführt, die sich in einigen Punkten von der Roms unterscheidet, sowie der Ambrosianische Choral, der gegenüber dem späteren sogenannten Gregorianischen Choral – bei manchen Gemeinsamkeiten – ein eigenständiges Repertoire darstellt. Bekannt ist Ambrosius nicht zuletzt als Hymnendichter. Einige der ihm zugeschriebenen Hymnen werden heute noch in den Gottesdiensten gesungen, so u. a. der Hymnus „Veni Redemptor gentium" (Nun komm, der Heiden Heiland). Und schließlich soll Ambrosius im Abendland die antiphonale Singpraxis im Gottesdienst mit aktiver Beteiligung der anwesenden Gemeinde eingeführt haben, eine Singpraxis, von der der Kirchenvater Augustinus in seinen „Confessiones" (Bekenntnissen) berichtet, dass sie ihn zu Tränen gerührt habe.

Als Bischof von Mailand ließ Ambrosius die heute nach ihm benannte Basilika Sant'Ambrogio erbauen. Dort wurde er auch bestattet, als er, hochverehrt über die Grenzen der Diözese Mailand hinaus, im Jahr 397 starb. Ambrosius wird als Patron von Mailand und Bologna verehrt, darüber hinaus im ganzen Abendland als Patron der Imker und Lebkuchenbäcker sowie der Bienen und Haustiere.

Was die Messgesänge am Gedenktag des hl. Ambrosius betrifft, beziehe ich mich auf den Codex 339 von St. Gallen. Allerdings ist die Mehrzahl der dort verzeichneten Gesänge bereits für andere Gedenktage vergeben: der Introitus *Sacerdotes Dei* und das Graduale *Iuravit Dominus* für den Gedenktag des hl. Papstes Gregors des Großen, das Offertorium *Veritas mea* und die Communio *Beatus servus* für den Gedenktag des hl. Martin. So verbleibt für eine kurze Vorstellung und Besprechung nur das Alleluia mit Vers *Gloria et honore*, das allerdings in keinem der aktuellen Gesangbücher, aber in Alessandro DE LILLO, *Supplementum ad Graduale Romanum* (EOS-Verlag St. Ottilien 2019) enthalten ist. Dieses Stück ist in vielen mittelalterlichen Handschriften bezeugt, darunter bereits in Handschriften des 10. Jhs. wie im Cantatorium St. Gallen 359 und Einsiedeln 121. Der kurze Text des Verses aus Ps 8,6 ist in eine festliche Melodie gekleidet, die durch ausgedehnte melismatische Ausschmückungen auf sich aufmerksam macht.

GESANGSTEXT

Alleluia / V. *Gloria et honore* – Ps 8,6

Alleluia.	Alleluia.
V. Gloria et honore coronasti eum, Domine.	V. Mit Herrlichkeit und Ehre hast du ihn gekrönt, o Herr.

2. Gedenktag des hl. Augustinus von Hippo am 28. August

Augustinus von Hippo gilt als der bedeutendste der vier großen lateinischen Kirchenväter. Er wurde am 13. November 354 in Tagaste in Numidien, der römischen Provinz Nordafrika (im heutigen Algerien), geboren. Sein Vater Patricius ließ sich erst kurz vor seinem Tod taufen, seine Mutter Monica hingegen war zeitlebens eine fromme Christin. Augustinus' Muttersprache war Latein, doch erwarb er sich auch Griechisch-Kenntnisse. In Karthago (im heutigen Tunesien) studierte er Rhetorik und war dann als Lehrer für Rhetorik in Tagaste und Karthago tätig. Aus der Verbindung mit einer Frau unbekannten Namens ging ein Sohn hervor: Adeodatus (der von Gott Gegebene). 373 wandte er sich dem Manichäismus, einer gnostischen Sekte, zu. Nach einem einjährigen Aufenthalt in Rom gelangte er schließlich im Jahr 384 nach Mailand, wohin er als Rhetoriklehrer berufen wurde. Hier traf er auf den Bischof Ambrosius, durch dessen Einfluss er sich mehr und mehr von der manichäischen Irrlehre abwandte. Zusammen mit seinem Sohn Adeodatus und in Gegenwart seiner Mutter Monica wurde er in der Osternacht des Jahres 387 von Ambrosius getauft. Noch im selben Jahr trat er seine Rückreise nach Nordafrika an. Dort wurde er 390/391 zum Priester geweiht und schließlich 395 zum Bischof von Hippo berufen. Während dieser Zeit als Bischof von Hippo von 395 bis 430 verfasste er u. a. auch eine Schrift mit den Regeln für ein gemeinsames Leben im Kloster. Nach diesen Regeln leben noch heute die verschiedenen Zweige des Augustinerordens, inklusive Prämonstratenser.

Augustinus verdanken wir ein umfangreiches Werk philosophischer, theologischer, exegetischer und homiletischer Literatur. Seine Philosophie war stark von Platon, später, seit seiner Hinwendung zum Christentum, vom Neuplatonismus beeinflusst. Sein literarisches Werk hat die gesamte Geistesgeschichte des Mittelalters stark geprägt und beeinflusst bis heute die Lehren des abendländischen Christentums. Am bekanntesten unter all seinen Werken und am häufigsten zitiert sind mit Sicherheit seine „Confessiones", in denen er den persönlichen Weg seiner Bekehrung beschreibt. Dort sind aber auch interessante Erfahrungen niedergeschrieben, die das liturgische und kirchenmusikalische Leben der Christen von Mailand unter ihrem Bischof Ambrosius betreffen. So ist hier u. a. nachzulesen, dass die durch Ambrosius aus dem Osten eingeführte antiphonale

Singpraxis in der Liturgie mit aktiver Beteiligung des Volkes Augustinus „zu Tränen rührte". Unter theologisch-dogmatischem Gesichtspunkt ragen besonders zwei Werke heraus: „De Trinitate" (Über die Dreifaltigkeit) und „De Civitate Dei" (Über den Gottesstaat).

Unter exegetischem Gesichtspunkt sind von großer Bedeutung u. a. seine „Enarrationes in psalmos", deren christologische Auslegung der Psalmen als „vox Christi" auch die Psalmodie im Stundengebet primär als Gebet Christi und Lobpreis Christi an den Vater versteht. Auch unter kirchenmusikalischem Aspekt finden sich in den „Enarrationes in psalmos" des Augustinus aufschlussreiche Hinweise, so in seiner Deutung des Psalms 32(33), wo er die Aufforderung des Psalms, Gott ein Jubellied darzubringen, wie folgt kommentiert: „Singen mit Jubel! Was ist das: Singen mit Jubel? Innewerden, dass es unmöglich ist, in Worten auszusprechen, was das Herz singt! ... Der Ton des Jubilierens macht offenbar, dass das Herz gebiert, was es nicht aussprechen kann. ... Das Herz freue sich also ohne Worte, und die ungemessene Weite der Freude soll an Silben keine Schranken finden: ‚Schön singt ihm (Gott) mit Jubel!'" Eine tiefere Begründung für die so wesentliche melismatische Vertonung von Solopartien mancher liturgischer Gesangsrepertoires wie u. a. auch des Gregorianischen Chorals – und deren Ausführung – lässt sich kaum finden: Melismatik ist Ausdruck der Liebe, die letztlich keiner Worte mehr bedarf. Und schließlich lassen sich nach Meinung einiger Fachleute in manchen liturgischen Dichtungen wie dem Te Deum und dem Exsultet der Osternacht Spuren des Gedankengutes der Kirchenväter Ambrosius und Augustinus nachweisen.

Im Jahr 430 ist Augustinus in Hippo während der Belagerung der Stadt durch die Vandalen gestorben. Seine Gebeine finden sich heute in der Basilica minor San Pietro in Ciel d'Oro in der norditalienischen Stadt Pavia. Er wird als Patron der Stadt und Diözese von Pavia sowie der Theologen und Buchdrucker verehrt.

Nachdem meine Suche nach den Messgesängen zum Gedenktag des hl. Augustinus in den ältesten Neumenhandschriften erfolglos geblieben war, konsultierte ich die für ein Augustinerchorherrenstift (!) angefertigte Handschrift Graz 807 (Mitte 12. Jh.) und wurde erwartungsgemäß fündig. Der dort für dieses Messproprium verzeichnete Introitus *Statuit ei Dominus* wird später, im Zusammenhang mit dem Fest des hl. Martin, kommentiert. Das Graduale *Inveni David* mit Text aus Ps 88(89) besingt die Auserwählung und Königssalbung Davids durch Gott sowie die Zusage Gottes, seinen auserwählten Diener vor feindlichen Übergriffen zu schützen. Ein vor allem im Solovers sehr ausgeprägt melismatischer Melodieverlauf unterstreicht diese Verheißung Gottes mit großem Nachdruck. Im Text des Alleluia *Iuravit Dominus* aus Ps 109(110) ist vom Schwur Gottes die Rede, mit dem er seinen erwählten Diener zum Priester für alle Zeit und Ewigkeit bestellt hat. Das Stück gehört einer jüngeren Schicht der Alleluia-Gesänge der Messe an und ist erst in Handschriften seit dem 11. Jh. bezeugt, wie man u. a. an der stark melismatischen Ausgestaltung des Versschlusses erkennt, die ihrerseits Note für Note dem Melodieverlauf des Alleluia entspricht. Wie der Introitus ist auch das Offertorium *Veritas mea* für das Fest des hl. Martin vorgesehen und wird erst dort besprochen. Schließlich ist in der Communio *Domine, quinque talenta* eine zentrale Passage aus dem bei Mt 25,20.21 überlieferten Gleichnis vom anvertrauten Geld vertont. Dabei überrascht vor allem der Melodieverlauf im Mittelteil, der sich permanent im oberen Höhenbereich des VII. Modus bewegt und der auf diese Weise die Zusage Jesu, dass der treue Knecht reichen Lohn empfangen wird, besonders nachdrücklich unterstreicht.

GESANGSTEXTE

Graduale *Inveni David* – Ps 88(89),21.22; V. Ps 88(89),23

Inveni David servum meum, in oleo sancto unxi eum: manus enim mea auxiliabitur ei et brachium meum confortabit eum.	Ich habe David, meinen Knecht, gefunden, mit heiligem Öl habe ich ihn gesalbt. Denn meine Hand wird ihm beistehen und mein Arm ihn stärken.

V. Nihil proficiet inimicus in eo, et filius iniquitatis non nocebit ei.	V. Nichts wird dem Feind gegen ihn gelingen, und der Sohn der Ungerechtigkeit wird ihm nicht schaden.

Alleluia / V. *Iuravit Dominus* – Ps 109(110),4

Alleluia.	Alleluia.
V. Iuravit Dominus, et non paenitebit eum: Tu es sacerdos in aeternum, secundum ordinem Melchisedech.	V. Geschworen hat der Herr, und es wird ihn nicht reuen: Du bist Priester auf ewig nach der Ordnung des Melchisedech.

Communio *Domine, quinque talenta* – Mt 25,20.21; V. Ps 118(119),2

Domine, quinque talenta tradidisti mihi: ecce alia quinque superlucratus sum. Euge serve fidelis, quia in pauca fuisti fidelis, supra multa te constituam, intra in gaudium Domini tui.	Herr, fünf Talente hast du mir gegeben, siehe, weitere fünf habe ich dazugewonnen. Wohlan, du treuer Knecht, weil du über Weniges treu gewesen bist, will ich dich über Vieles setzen. Geh ein in die Freude deines Herrn!
V. Beati qui servant testimonia eius: in toto corde exquirunt eum.	V. Selig, die seine Weisungen befolgen, aus ganzem Herzen suchen sie ihn.

3. Gedenktag des hl. Hieronymus am 30. September

Hieronymus ist um das Jahr 347 in Stridon in der spätantiken römischen Provinz Dalmatien als Sohn christlicher Eltern geboren, die ihn aber nicht taufen ließen. Nach Studienjahren in Mailand und Rom, wo er sich schließlich auch taufen ließ, zog er nach Trier, wo er Kontakt zu asketischen Mönchen hatte, deren Lebensweise ihm sehr imponierte. Daraufhin wurde er selbst Theologe und Mönch. Ab 373 unternahm er mehrere Pilgerreisen in den Orient, die ihn u. a. nach Antiochia im antiken Syrien führten. Dort, in Antiochia, vertiefte er seine Griechisch-Kenntnisse und widmete sich dem Studium der Schriften des Origenes. Während dieser Reisen lernte er auch das Eremitentum des Ostens kennen. Bei einem der Eremiten in der Wüste von Chalkis soll sich Hieronymus seine Kenntnisse der hebräischen Sprache angeeignet haben. 379 wurde er in Antiochia zum Priester geweiht. Drei Jahre danach, im Jahr 382, kehrte er nach Rom zurück, wo ihn Papst Damasus I. beauftragte, die Bibel ins Lateinische zu übersetzen.

Was die vier Evangelien des Neuen Testamentes betrifft, überarbeitete Hieronymus eine bereits bestehende lateinische Übersetzung, die sog. Vetus Latina, auch Itala genannt. Dabei konnte er sich auf Vergleiche mit dem griechischen Urtext stützen. Für die lateinische Übersetzung der anderen Schriften des Neuen Testamentes sei nach Meinung heutiger Forscher Hieronymus nicht verantwortlich. Für die lateinische Übersetzung des Alten Testamentes griff Hieronymus nicht auf die griechische Übersetzung der sog. Septuaginta zurück, sondern auf den hebräischen Urtext. Die römischen Arbeiten an der lateinischen Bibelübersetzung wurden jäh unterbrochen durch den Tod seines Mentors, des Papstes Damasus I., am 11. Dezember 384. Daraufhin zog Hieronymus in Begleitung römischer Aristokratinnen nach Betlehem. Dort, in Betlehem, gründete eine dieser Frauen, die hl. Paula, drei Frauenklöster und er selbst ein Männerkloster, das er auch leitete. Und hier, in Betlehem, setzte er seine Arbeiten an der lateinischen Bibelübersetzung fort und hier beendete er sie. So ist schließlich die sog. Vulgata entstanden, die größtenteils sein Werk ist und die bis zum heutigen Tag als wichtigste Quelle der lateinischen Texte der Messliturgie, nicht zuletzt auch der Texte der gregorianischen Messgesänge angesehen wird.

Am 30. September des Jahres 420 ist Hieronymus in Betlehem im Alter von 73 Jahren gestorben. Seine Gebeine wurden kirchlicher Überlieferung zufolge sehr viel später, im 13. Jh., von Betlehem nach Rom in die Basilika Santa Maria Maggiore überführt, wo sie noch heute unter dem Hochaltar aufbewahrt werden. In der Ikonographie wird Hieronymus entweder als Gelehrter oder als Eremit oder (fälschlicherweise) als Kardinal dargestellt. So zählt zu seinen Attributen auch ein Kardinalshut. An Gelehrsamkeit habe Hieronymus nach Meinung mancher Fachleute selbst Augustinus übertroffen. Und so wird er denn vor allem als Schutzpatron der Gelehrten, Übersetzer, Theologen und Studierenden verehrt.

Für die Messgesänge am Gedenktag des hl. Hieronymus beziehe ich mich erneut auf die Handschrift Graz 807, da die Auswahl der hierfür in den St. Gallener Handschriften und zum Teil auch der in den aktuellen Gesangbüchern vorgesehenen Gesänge bereits anderweitig vergeben ist. Der Introitus *Os iusti* wird dem Fest des hl. Ordensvaters Benedikt zugeteilt und soll dort kommentiert werden. Das Graduale *Os iusti* mit Text aus Ps 36(37) weist einen Melodieverlauf im I. Modus auf, innerhalb dessen der gregorianische Komponist vor allem „meditabitur sapientiam" ([Der Mund des Gerechten] sinnt Weisheit) im Chorstück und im Solovers die lange Passage „Lex Dei eius in corde ipsius" (das Gesetz seines Gottes ist in seinem Herzen) hervorheben wollte, dies im Solovers durch ausgedehnte melismatische Ausschmückungen und mehrere meist zarte unisonische Pulsationen, die geeignet sind, in Sängern und Hörern starke Emotionen hervorzurufen. Es ist, als wollte der Komponist damit zum Ausdruck bringen: Die Beziehung des Menschen zu Gott ist letztlich nicht Sache des Verstandes, sondern Herzenssache. Im Alleluia mit Vers *Iustus germinabit* ist vor allem das Wort „florebit" ([und] er blüht) durch ein langes Melisma hervorgehoben. Und am Ende des Verses, bei „ante Dominum" (vor dem Herrn), wird die Melodie des Alleluia Ton für Ton wiederholt, auch dies mit einem ausladenden Melisma auf der letzten Silbe von „Domi<u>num</u>". Die Melodie des Offertoriums *Posuisti* mit Text aus Ps 20(21) gleicht in allen Belangen jener des Offertoriums *Angelus Domini* der Messe des Ostermontags und des Zweiten Ostersonntags. Dabei ist es sehr schwer zu sagen, welcher der beiden Gesänge die Adaptation des anderen ist. In beiden Gesängen ist der Text auf wunderbare Weise in Musik umgesetzt, so in unserem Fall herausragend die Passage „coronam de lapide pretioso" (eine Krone aus wertvollem Edelstein). Die Communio *Fidelis servus* ist auch für den Gedenktag des hl. Papstes Gregor des Großen vorgesehen und soll dort vorgestellt und besprochen werden.

GESANGSTEXTE

Graduale *Os iusti* – Ps 36(37),30; V. Ps 36(37),31

Os iusti meditabitur sapientiam, et lingua eius loquetur iudicium.	Der Mund des Gerechten sinnt Weisheit und sein Zunge spricht Recht.
V. Lex Dei eius in corde ipsius: et non supplantabuntur gressus eius.	V. Das Gesetz seines Gottes ist in seinem Herzen, und seine Schritte werden nicht straucheln.

Alleluia / V. *Iustus germinabit* – vgl. Hos 14,6

Alleluia.	Alleluia.
V. Iustus germinabit sicut lilium: et florebit in aeternum ante Dominum.	V. Der Gerechte wird sprossen wie eine Lilie, und er wird blühen auf ewig vor dem Herrn.

Offertorium *Posuisti* – Ps 20(21),4.5

Posuisti Domine in capite eius coronam de lapide pretioso: vitam petiit a te, tribuisti ei, alleluia.	Du hast, o Herr, auf sein Haupt eine Krone aus kostbarem Edelstein gesetzt. Leben erbat er von dir, und du gabst es ihm, alleluia.

4. Gedenktag des hl. Papstes Gregor des Großen am 3. September

Bildmeditation: Das Erbe Gregors des Großen

„Gregor und Taube“ – eine Darstellung, die viele Gregorianik-Fachleute und -Singende kennen und lieben – ist auf diesem Bild zu sehen. Vielleicht lohnt es sich, der Vielschichtigkeit dieses Bildes einmal tiefer nachzugehen...

Papst Gregor I. war *der* Impulsgeber und Förderer bei der Entstehung und Verbreitung des liturgischen Gesangs im Abendland, wo-

Bild Gregor d. Große mit Taube aus St. Gallen, Codex 376, p. 82,
2. Hälfte 11. Jh., Stiftsbibliothek St. Gallen.

raus der Gregorianische Choral entstanden ist. So wurde ihm sogar selbst die Autorschaft an diesen besonderen Gesängen zugeschrieben, und dies bis in jüngere Zeit. Darum auch der Name, in dem Papst Gregor mit diesen Gesängen über die Zeiten hinweg verbunden bleibt.

Auf dieser Illumination einer St. Gallener Handschrift (11. Jh.) ist eine weiße Taube zu sehen. Die Farbe Weiß ist die hellste überhaupt, eher Licht als Farbe. Sie verbindet sich mit der Vorstellung lichtvoller Sphären anderer, eher unsichtbarer Welten. So werden Engel als himmlische Lichtwesen meist strahlend hell dargestellt. Weiße Tiere wurden seit alters als Wesen und auch als Boten anderer Welten angesehen, und wenn sie den Menschen erschienen, galten sie als heilig und unantastbar. Vögel können sich zudem – durch ihre Fähigkeit zu fliegen – zwischen Himmel und Erde bewegen, so, wie auch die Taube auf diesem Bild. Auch in der Bibel taucht die Taube mehrmals auf, nicht nur als Opfertier, sondern als lebendige Botin, so z. B. nach der Sintflut, als sie Noah bei der Suche nach trockenem Land einen Ölzweig in die Arche bringt, oder bei der Taufe Jesu, als der Heilige Geist Gottes selbst, in der Gestalt einer Taube sichtbar, auf Jesus, seinen erklärten Sohn, vom Himmel herabkommt. Diese Taube wird immer weiß dargestellt, so wie auf diesem Bild.

Zudem ist die Taube ein zutiefst weiblich empfundenes Symboltier, obwohl es natürlich immer eines männlichen Partners bedarf, um ihre Art zu erhalten. Sie ist seit jeher eines der Attribute von Göttinnen, ob nun der griechischen Aphrodite oder der orientalischen Astarte, also einer weiblichen Seite der Göttlichkeit, deren Geschlecht nicht fassbar ist. Die urweibliche Fähigkeit, schöpferisch zu sein, vom Heilen von Verwundetem bis hin zum Hervorbringen neuen Lebens auf Erden, diese Fähigkeit kann sich auf anderen Ebenen als künstlerisches und inspiriertes Schaffen zeigen. Es entsteht etwas gänzlich Neues, das so noch nicht da war... Wen wundert es jetzt, dass der Geist Gottes im Hebräischen weiblich ist, die „Ruach", die am Beginn der Schöpfung über den Wassern schwebt? Wunderschön ist dies zu sehen im bayerischen Chiemgau, im kleinen Kirchlein in Urschalling, wo im Deckenfresko (Darstellung der göttlichen Trinität) der Heilige Geist weiblich dargestellt ist!

Zurück zu dem Bild von Papst Gregor: Als Kirchenlehrer – auf einem hohen Sitz, einem breiten roten Sitzkissen und mit einem Schemel unter den Füßen – hält er in seiner Linken ein dickes Buch, und seine rechte Hand erhebt er im Lehrgestus. Was für ein Buch es ist, ob Bibel, theologisches Werk oder ein Choralkodex, ist nicht zu erkennen. Aber es steht für gelehrtes Wissen, für ihn, den Kirchenlehrer. Die Gloriole, die goldene Aura um seinen Kopf, zeigt ihn darüber hinaus als Heiligen, in dem das Göttliche sich in besonderer Weise ausdrückt und sichtbar wird. Doch Papst Gregor *den Großen*, wie er auch genannt wird, zeichnet noch etwas anderes aus, etwas Einzigartiges, wie ich meine, denn da ist die weiße Taube, die ihm etwas ins Ohr flüstert: Er ist Lehrender und Hörender zugleich!

Papst Gregor ist also nicht nur ein Mann kluger Gedanken, theologischer Reflexionen und dazu ein Lehrer, der anderen Menschen Bedeutsames zu vermitteln vermag. Wer das kann, ragt aus der Menge der Denkenden weit heraus. Dabei kann es aber leicht geschehen, sich selber zu einem „Großen" zu erklären und so die Fähigkeit zu verlieren, sich selbst zu relativieren. Papst Gregor bleibt im Hören über sein eigenes Denken hinaus: In seiner inneren Durchlässigkeit bleibt er offen und empfindsam für die leisen, oft unhörbaren Klänge und Inspirationen – Eingebungen des Spiritus (Sanctus), des göttlichen Geistes. In den gregorianischen Gesängen dürfen wir seinem Vermächtnis lauschen...

Birte Göschl

Geboren um 540 als Spross einer römischen Patrizier- und Senatorenfamilie, schien für Gregor eine politische Laufbahn schon von Kindheit an vorgezeichnet. Und tatsächlich stand er bereits mit 30 Jahren als Senator und Präfekt an der Spitze der römischen Zivilverwaltung. Aber schon 575 verzichtete er auf diese hohe Stellung und zog sich als Mönch in ein von ihm gegründetes Kloster auf dem Mons Caelius, einem der sieben Hügel Roms, zurück. Und bald folgten weitere Klostergründungen durch Gregor auch in anderen Regionen Italiens. 578/579 wurde er zum Diakon geweiht und einer der sieben Diakone Roms. Nach dem Tod des Papstes Gelasius II. wurde er als erster Mönch zum Papst gewählt, nachdem er sich vehement dagegen gesträubt hatte.

Als Papst ist Gregor immer wieder auch auf politischer Bühne zu finden. So gelang es ihm 594 durch sein Verhandlungsgeschick, eine Invasion Roms durch die Langobarden zu verhindern. Auch soll er wesentliche Fundamente für die Entstehung des Kirchenstaates innerhalb von Italien gelegt haben. Gregor war ein machtvoller, energischer und durchsetzungsfähiger Kirchenführer, der aber bei alledem demütig und bescheiden geblieben ist. So bezeichnete er sich als Erster einer langen Reihe von Päpsten als „servus servorum Dei" (Diener der Diener Gottes). Sein Einfluss reichte weit über die Grenzen Roms und Italiens hinaus. So war er es, der letztlich verantwortlich für die Re-Christianisierung Englands war, indem er den Mönch Augustinus von Canterbury zusammen mit weiteren 39 Mönchen nach England sandte. Und in Spanien sind ihm Erfolge gegen den dort vorherrschenden Arianismus zuzuschreiben.

Beeindruckend ist auch das literarische Werk Gregors. Hier sind sowohl seine allegorischen Bibelauslegungen als auch seine homiletischen und moraltheologischen Schriften zu nennen sowie sein „Liber regulae pastoralis" als Anleitung für Seelsorger. Einen großen Einfluss auf das gesamte Mittelalter hatten nicht zuletzt seine „Dialogi de vita et miraculis patrum italicorum" über Heilige zu Gregors Zeit, so z. B. über das Leben des hl. Ordensvaters Benedikt von Nursia.

Bahnbrechend im wahrsten Sinne des Wortes war das Wirken Gregors im Bereich der Liturgie. So ist er dem Wildwuchs von Texten in der Liturgie entgegengetreten durch das von ihm aufgestellte

„Schriftprinzip", demzufolge nur Schrifttexte oder schriftnahe Texte im Gottesdienst Verwendung finden dürfen, ein Prinzip, das zu Gregors Zeit und auch in den nachfolgenden Jahrhunderten treu befolgt wurde und u. a. seinen Niederschlag auch im Repertoire der gregorianischen Messgesänge fand, in dem fast ausschließlich Bibeltexte, mit großer Mehrheit Psalmtexte, vertont wurden. Nicht hoch genug einzuschätzen ist Gregors Einfluss auf die Entwicklung und detaillierte Ausformung des Kirchenjahres. Die erst kurz vor Beginn seines Pontifikats in Rom eingeführte Adventszeit hat Gregor von ursprünglich sechs auf vier Sonntage reduziert. Mit dieser römischen Lösung hat er den endgültigen Grundstock des liturgischen Jahres geschaffen, das mit den beiden Festkreisen, dem Oster- und Weihnachtsfestkreis, seine bis heute gültige Struktur erhalten hat. Über viele Jahrhunderte wurde Gregor auch die Autorschaft des Gregorianischen Chorals zugeschrieben. Die in einigen gregorianischen Handschriften enthaltene bildliche Darstellung mit Papst Gregor und der Taube an seinem Ohr als Symbol des Heiligen Geistes, der ihm die Melodien sozusagen „einflüstert", wurde oft sogar im Sinne göttlicher Inspiration der gregorianischen Melodien interpretiert. Die These von einer direkten Autorschaft Gregors in Bezug auf den Gregorianischen Choral lässt sich zwar heute nicht mehr aufrechterhalten, doch ist andererseits nicht zu bestreiten, dass Gregor als einer der bedeutendsten Päpste der Liturgiegeschichte zu seiner Zeit wichtige Impulse für die Förderung des liturgischen Gesangs gesetzt und besonders die Mönche der von ihm gegründeten Klöster zur Pflege und wohl auch zur Neuschöpfung liturgischer Gesänge angehalten hat.

Papst Gregors des Großen Pontifikat fiel mit der Zeitenwende am Übergang von der Spätantike in das Frühmittelalter zusammen. Damit war auch das Ende des römischen Reiches eingeläutet. Er selbst starb nach einem erfüllten Leben, dessen Einfluss auf das gesamte Mittelalter bis hinein in die Neuzeit und die Gegenwart strahlt, im Jahr 604 in Rom. Er wird als Patron des Schulwesens, der Lehrer und Studierenden, des Chor- und Choralgesangs, der Musiker und

Sänger verehrt. Da der ursprüngliche Gedenktag am 12. März (dem Todestag Gregors) in die Fastenzeit fällt, wurde er durch die nachkonziliare Kalenderreform von 1969 auf den 3. September (den Tag seiner Weihe zum Bischof von Rom) verlegt.

Die für den Gedenktag des hl. Papstes Gregors des Großen vorgesehenen Messgesänge sind – mit Ausnahme des Alleluia – in den mittelalterlichen Choralhandschriften gut bezeugt. Im Introitus *Sacerdotes Dei* werden die Priester sowie die Frommen und Demütigen zum Lob Gottes aufgerufen. Die beiden Imperativformen „benedicite" (preiset!) und „laudate" (lobet!) sowie das Wort „Deum" (Gott [dem dieser Lobpreis gilt]) erfahren in dem ansonsten schlichten melodischen Umfeld eine deutliche Hervorhebung. Ein hochkomplexer Melodieverlauf im III. Modus mit vielen unisonischen Pulsationen verleiht dem Text des Graduale *Iuravit Dominus* aus Ps 109(110), in dem vom Schwur Gottes zugunsten des von ihm auf ewig erwählten Priesters die Rede ist, eine musikalische Einkleidung von spannungsvoller, ja geradezu emphatischer Wirkung. Das Alleluia *Spiritus Sanctus docebit vos* mit Text aus dem Johannesevangelium ist erst in der einen oder anderen Handschrift seit dem 11. Jh. bezeugt. Der Solovers weist trotz seiner extremen Kürze eine gefällige und mitunter ausdrucksvolle Melodiegestaltung auf, auch wenn keine besonderen Höhepunkte anzuführen sind. Eine kurze Besprechung des Offertoriums *Veritas mea* findet sich im Zusammenhang mit den Messgesängen zum Gedenktag des hl. Martin. Im Text der Communio *Fidelis servus* aus dem Lukasevangelium wird der treue und kluge Diener gepriesen, den der Herr über seine Familie setzte, um für deren leibliches Wohl zu sorgen. Eine schwungvolle Melodie im VII. Modus verleiht diesem Gesang und letztlich dem in ihm vertonten Text eine helle und freundliche Ausstrahlung.

GESANGSTEXTE

Introitus *Sacerdotes Dei* – Dan 3,84.87; V. Dan 3,57

Sacerdotes Dei, benedicite Dominum: sancti et humiles corde, laudate Deum.	Ihr Priester Gottes, preiset den Herrn, ihr Frommen und von Herzen Demütigen, lobet Gott!
V. Benedicite omnia opera Domini Domino: laudate et superexaltate eum in saecula.	V. Preiset, all ihr Werke des Herrn, den Herrn, lobt und erhebt ihn in Ewigkeit!

Graduale *Iuravit Dominus* – Ps 109(110),4; V. Ps 109(110),1

Iuravit Dominus, et non paenitebit eum: Tu es sacerdos in aeternum, secundum ordinem Melchisedech.	Der Herr schwor, und es wird ihn nicht reuen: Du bist Priester auf ewig nach der Ordnung des Melchisedech.
V. Dixit Dominus Domino meo: Sede a dextris meis.	V. Der Herr sprach zu meinem Herrn: Setze dich zu meiner Rechten.

Alleluia / V. *Spiritus Sanctus docebit vos* – Joh 14,26

Alleluia.	Alleluia.
V. Spiritus Sanctus docebit vos quaecumque dixero vobis.	V. Der Heilige Geist wird euch alles lehren, was ich euch gesagt haben werde.

Communio *Fidelis servus* – Lk 12,42; V. Ps 131(132),1

Fidelis servus et prudens, quem constituit Dominus super familiam suam: ut det illis in tempore tritici mensuram.	(Dies ist) der treue und kluge Diener, den der Herr über seine Familie gesetzt hat, damit er ihnen zur rechten Zeit das (rechte) Maß an Weizen zuteile.
V. Memento, Domine, David: et omnis mansuetudinis eius.	V. Gedenke, Herr, des David und all seiner Sanftmut.

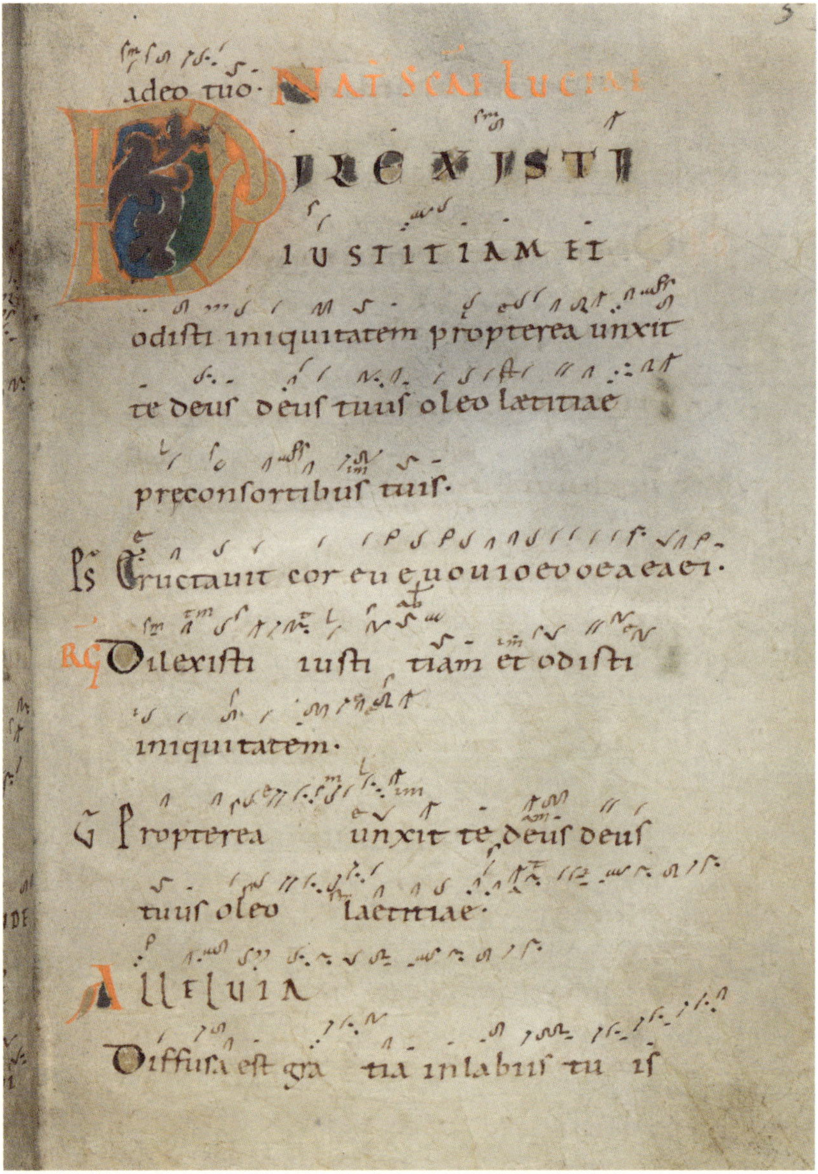

Introitus und Graduale *Dilexisti iustitiam* aus Einsiedeln,
Codex 121, p. 5, 2. Hälfte 10. Jh., Stiftsbibliothek Einsiedeln.

V. GEDENKTAGE HEILIGER FRAUEN

1. Gedenktag der hl. Lucia am 13. Dezember

Lucia ist eine frühchristliche Heilige des 3. Jhs. aus Syrakus (Sizilien). Ihr Name leitet sich von dem Substantiv „lux“ (Licht) ab und bedeutet „die Leuchtende“. Da sie um der Liebe zu Christus willen die Heirat mit ihrem Bräutigam ausschlug, wurde sie in der Diokletianischen Christenverfolgung als Christin angeklagt und erlitt den Märtyrertod durch Enthauptung. Ihre Reliquien sollen Anfang des 13. Jhs. nach Venedig gebracht worden sein, wo sie bis zum heutigen Tag eine hohe Verehrung als Patronin der Stadt genießt. Aber auch in ganz Italien sowie in anderen Teilen Europas wird ihr Gedenktag am 13. Dezember feierlich begangen. Nicht zuletzt in den skandinavischen Ländern ist das Luciafest von volkstümlichen Bräuchen umrankt.

Ein Gedanke zieht sich durch alle Propriumsgesänge dieser Festmesse: Die Gnade Gottes ist im Leben und Sterben der hl. Lucia wirksam geworden. Dies kommt vor allem im Bild der Salbung mit dem Öl der Freude durch Gott („... unxit te Deus ... oleo laetitiae“) im Introitus und Graduale zum Ausdruck sowie im Bild der Segnung durch Gott („... benedixit te Deus in aeternum“) im Alleluia-Vers und in der Communio. Die auf diese Weise von Gott Gesalbte und Gesegnete darf eintreten in die Gemeinschaft mit Gott, ihrem König und Herrn („adducentur in templum regi Domino“), so das Offertorium. Die hier genannten Textpassagen sind denn auch in den betreffenden Gesangsstücken musikalisch klar herausgehoben, im Graduale und Alleluia teilweise durch ausgedehnte melismatische Ausschmückungen.

GESANGSTEXTE

Introitus *Dilexisti iustitiam* – Ps 44(45),8; V. Ps 44(45),2

Dilexisti iustitiam, et odisti iniquitatem: propterea unxit te Deus, Deus tuus, oleo laetitiae prae consortibus tuis.	Du hast die Gerechtigkeit geliebt und das Unrecht gehasst, deshalb hat dich Gott, dein Gott, gesalbt mit dem Öl der Freude vor deinen Gefährten.
V. Eructavit cor meum verbum bonum: dico ego opera mea regi.	V. Mein Herz brachte ein gutes Wort hervor: ich weihe meine Werke dem König.

Graduale *Dilexisti iustitiam* – Ps 44(45),8a; V. Ps 44(45),8b

Dilexisti iustitiam, et odisti iniquitatem.	Du hast die Gerechtigkeit geliebt und das Unrecht gehasst.
V. Propterea unxit te Deus, Deus tuus, oleo laetitiae.	V. Deshalb hat dich Gott, dein Gott, gesalbt mit dem Öl der Freude.

Alleluia / V. *Diffusa est gratia* – Ps 44(45),3

Alleluia.	Alleluia.
V. Diffusa est gratia in labiis tuis: propterea benedixit te Deus in aeternum.	V. Ausgegossen ist Anmut auf deinen Lippen, deshalb hat Gott dich gesegnet in Ewigkeit.

Offertorium *Offerentur ... proximae* – vgl. Ps 44(45),15.16

Offerentur regi virgines: proximae eius offerentur tibi in laetitia et exsultatione: adducentur in templum regi Domino.	Dem König werden Jungfrauen gebracht; ihre Freundinnen bringt man zu dir in Freude und Jubel, sie werden in den Tempel geführt zum König, dem Herrn.

Communio *Diffusa est gratia* – Ps 44(45),3; V. Ps 44(45),2

Diffusa est gratia in labiis tuis: propterea benedixit te Deus in aeternum.	Ausgegossen ist Anmut auf deinen Lippen, deshalb hat Gott dich gesegnet in Ewigkeit.

V. Eructavit cor meum verbum bonum: dico ego opera mea regi.	V. Mein Herz brachte ein gutes Wort hervor: ich weihe meine Werke dem König.

2. Gedenktag der hl. Cäcilia am 22. November

Vom Leben und Sterben der hl. Cäcilia berichtet die „passio (Leidensgeschichte) sanctae Caeciliae“ aus dem 5. Jh. Ihr zufolge lebte sie im 3. Jh. in Rom und wurde von Papst Urban I. getauft. An ihrem Hochzeitstag verlobte sie sich mit Christus und überzeugte ihren Bräutigam Valerianus, die Ehe nicht zu vollziehen. Daraufhin ließ auch dieser sich taufen, sowie wenig später auch sein Bruder Tiburtius und weitere mehr als 400 zum Christentum Bekehrte. Cäcilia selbst wurde zum Tode durch Enthauptung verurteilt. Schwer verwundet am Hals, verteilte sie noch ihren Besitz an die Armen und überzeugte Papst Urban I., ihr Wohnhaus zu einer Kirche umbauen zu lassen, der heutigen Kirche Santa Cecilia in Trastevere.

Cäcilia wird in der Katholischen Kirche als Patronin der Kirchenmusik verehrt. Dies ist auf einen Übersetzungsfehler oder besser: auf eine bewusste Umdeutung einer Textpassage aus der „passio sanctae Caeciliae“ zurückzuführen. Dort heißt es: „ ... cantantibus organis illa (Caecilia) in corde suo soli Domino decantabat dicens: fiat cor meum et corpus meum immaculatum, ut non confundar“ (... während die Musikinstrumente spielten, sang sie [Cäcilia] in ihrem Herzen dem Herrn allein mit den Worten: Es möge mein Herz und mein Leib unbefleckt bleiben, damit ich nicht zuschanden werde). Dieser Text findet sich unter Auslassung der Worte „in corde suo“ (in ihrem Herzen) und „soli“ ([dem Herrn] allein) in einer gregorianischen Antiphon der Vesper zum Gedenktag der hl. Cäcilia. Der Ablativus absolutus (Während die Instrumente spielten) wurde umgedeutet in einen Ablativus instrumentalis (Während sie die Instrumente [bzw. die Orgel] spielte), und so wurde Cäcilia zur Patronin der Kirchenmusik.

Die Texte der Gesänge dieser Messe sind mit Ausnahme des Alleluia-Verses den Psalmen entnommen, die des Introitus *Loquebar* und der Communio *Confundantur superbi* Ps 118(119), jene des Graduale *Audi, filia* und des Offertoriums *Offerentur ... post eam* Ps 44(45). Ps 118(119) ist mit 176 Versen der mit Abstand längste aller Psalmen. Seine Besonderheit besteht darin, dass er in all seinen Versen um den Begriff „Wort Gottes" kreist, weswegen er gerne „Psalm der göttlichen Wortoffenbarung" genannt wird. Ps 44(45) ist ein Hochzeitslied für den König und seine Gemahlin. In den Versen 11 und 12 ist von der bezaubernden Schönheit der Braut die Rede, die im Graduale *Audi, filia* in den höchsten Tönen, bis an die Obergrenze des VII. Modus, besungen wird. Das Alleluia mit Vers *Quinque prudentes virgines*, dessen Text sich bei Mt 25,4.6 findet, erinnert an die gleichnamige Communio, dies vor allem durch eine ähnliche Melodiebildung bei „media autem nocte" (aber um Mitternacht). Im Zentrum des musikalischen Geschehens aber steht die reiche melismatische Ausgestaltung des Wortes „clamor" (... [erscholl] der Ruf), durch die der gregorianische Komponist dem Gleichnis von den fünf klugen Jungfrauen einen besonderen Glanz verliehen hat.

GESANGSTEXTE

Introitus *Loquebar* – Ps 118(119),46.47; V. Ps 118(119),1

Loquebar de testimoniis tuis in conspectu regum, et non confundebar: et meditabar in mandatis tuis, quae dilexi nimis.	Ich sprach von deinen Weisungen im Angesicht der Könige und wurde nicht zuschanden; und ich sann nach über deine Gebote, die ich gar sehr liebe.
V. Beati immaculati in via: qui ambulant in lege Domini.	V. Selig, die unbescholten sind auf dem Weg, die wandeln nach dem Gesetz des Herrn.

Graduale *Audi, filia* – Ps 44(45),11.12; V. Ps 44(45),5

Audi, filia, et vide, et inclina aurem tuam: quia concupivit rex speciem tuam.	Höre, Tochter, und sieh und neige dein Ohr, denn der König verlangt nach deiner Schönheit.

V. Specie tua, et pulchritudine tua intende, prospere procede, et regna.	V. In deiner Lieblichkeit und Schönheit hab acht, zieh aus mit Glück und herrsche!

Alleluia / V. *Quinque prudentes virgines* – Mt 25,4.6

Alleluia.	Alleluia.
V. Quinque prudentes virgines acceperunt oleum in vasis suis cum lampadibus: media autem nocte clamor factus est: Ecce sponsus venit: exite obviam Christo Domino.	Die fünf klugen Jungfrauen nahmen Öl mit sich in ihren Gefäßen, zusammen mit Lampen. Um Mitternacht aber erscholl der Ruf: Seht, der Bräutigam kommt, geht Christus, dem Herrn, entgegen!

Offertorium *Offerentur ... post eam* – Ps 44(45),15

Offerentur regi virgines: post eam proximae eius offenrentur tibi.	Dem König werden Jungfrauen gebracht, nach ihr bringt man dir ihre Freundinnen.

Communio *Confundantur superbi* – Ps 118(119),78.80; V. Ps 118(119),88

Confundantur superbi, quia iniuste iniquitatem fecerunt in me: ego autem in mandatis tuis exercebor, in tuis iustificationibus, ut non confundar.	Zuschanden mögen werden die Stolzen, denn sie haben auf ungerechte Weise Unrecht gegen mich getan. Ich aber will an deinen Geboten festhalten, an deinen Vorschriften, damit ich nicht zuschanden werde.
V. Secundum misericordiam tuam vivifica me: et custodiam testimonia oris tui.	V. In deiner Barmherzigkeit schenke mir Leben, so will ich die Zeugnisse deines Mundes beachten.

Miniatur zum Fest der hl. Agnes aus dem Graduale
von St. Katharinental, fol. 163v, um 1312,
Zürich, Schweizerisches Nationalmuseum.

3. Gedenktag der hl. Agnes von Rom am 21. Januar

Gedanken zur Abbildung

Laut der Legenda aurea war Agnes ein Opfer, geschlachtet wie das weiße Lamm, das sie auch in dieser Darstellung auf dem Arm trägt. Und doch tritt sie uns wie eine Königin mit einer Krone auf dem Kopf vor einem Goldhintergrund entgegen. Weibliche Gestalten mit blauem Nimbus und kleinen roten Kronen umgeben sie und tragen sie auf ihren Händen. In der rechten Hälfte der ausgemalten Initiale stehen der offene Sarkophag der hl. Agnes und rundherum ihre trauernden Freunde, die angesichts der königlichen Erscheinung der hl. Agnes Tage nach ihrer Hinrichtung auf die Knie gefallen sind. Betend schauen sie das Wunder…

Agnes war ungehorsam. Sie funktionierte nicht so, wie sie sollte, und verweigerte sich dem Heiratswunsch eines Mannes. Sie wollte selbst über ihren Lebensweg bestimmen. Aber freie Geister, insbesondere selbstbestimmte Frauen, die nicht ins gesellschaftliche Raster passen, gar sich querstellen, haben es bis heute oft schwer. Die Gewalt, die Agnes – eine ganz junge Frau erst – deshalb erfuhr, war äußerst brutal. Sie zahlte einen hohen Preis, weil sie einzig und allein ihrem Herzen folgte, als sie sich für Christus entschied. Sie blieb standhaft – und, wie die Legende berichtet, selbst der Tod setzte ihr kein Ende. So heißt es im Introitus der Messe an ihrem Gedenktag: „[…] von allem Endlichen sah ich das Ende“. Im linken Bogen der Initiale M des Introitus *Me exspectaverunt* sehen wir Agnes als königliche Symbolfigur. Und der Introitus beginnt mit den Worten: „Auf mich lauerten die Sünder, um mich zu verderben, doch ich achtete auf deine Weisungen, Herr“ – Weisungen, die nicht als Paragrafen aus dem Strafgesetzbuch anzuwenden sind, sondern als Wegweisung für ein authentisches Leben.

Birte Göschl

Vom Leben und Sterben der hl. Agnes von Rom ist vieles legendenhaft überliefert und somit historisch nicht gesichert. Dennoch genoss sie schon seit dem 4. Jh. eine weit verbreitete Verehrung. Der Legende nach war sie eine junge und sehr schöne Römerin, die im 3. Jh. gelebt und schon im Alter von 12 oder 13 Jahren das Martyrium erlitten hat. Der Zudringlichkeit des Sohnes eines Stadtpräfekten widerstand sie mit dem Argument, dass sie bereits verlobt und ihr Verlobter Jesus Christus sei. Daraufhin wurde sie vor Gericht gestellt, als Zauberin angeklagt und verschiedenen grausamen Torturen unterworfen, die ihr aber nicht schaden konnten. Schließlich wurde sie durch das Schwert getötet – wie ein Lamm, das geschlachtet wird. Deshalb hat man seit jeher ihren Namen Agnes auch mit dem lateinischen Wort „agnus“ (Lamm) in Verbindung gebracht. Wahrscheinlicher aber ist, dass sich der Name Agnes aus dem griechischen „hagne“ (die Reine, Heilige) herleitet.

Von den Gesängen des Messpropriums zum Gedenktag der hl. Agnes werden hier Introitus, Graduale und Communio vorgestellt und kurz kommentiert. Für das Alleluia mit Vers *Quinque prudentes virgines* bzw. das Offertorium *Offerentur ... proximae* sei auf die Messgesänge an den Gedenktagen der hll. Cäcilia und Lucia verwiesen. Die Wahl des Textes des Introitus *Me exspectaverunt* aus Psalm 118(119) nimmt wohl mit Bedacht auf die feindlichen Angriffe und Torturen Bezug, die schließlich zur Tötung der hl. Agnes führten, denen sie jedoch standhaft bis zum Ende ihre Treue zu den Geboten Gottes und zu ihrem „Verlobten“ Jesus Christus entgegensetzte. Die Melodie dieses Gesangs weist über weite Strecken fast psalmodische Strukturen auf, mit ausgedehnten Tenorpassagen auf *fa* und *sol*. Darüber hinaus fallen im ersten Satz die vielen feingliedrigen Tonreperkussionen auf, die dazu angetan sind, starke Emotionen auszudrücken. Von der Gnade und dem Segen Gottes, die den Wahrhaftigen, Sanftmütigen und Gerechten zuteil werden, ist im Graduale *Diffusa est gratia* die Rede. Dementsprechend sind im Solovers die drei Schlüsselbegriffe „veritas“ (Wahrheit, Wahrhaftigkeit), „mansuetudo“ (Sanftmut) und

„iustitia“ (Gerechtigkeit) als deutliche Höhepunkte der gesamten Komposition hervorgehoben. In der Communio *Quinque prudentes virgines“* schließlich sind wesentliche Teile des Gleichnisses von den zehn Jungfrauen aus dem Matthäusevangelium vertont. Der Gesang beginnt in tiefer Lage und verharrt dort den ganzen ersten Satz über. Ab dem zweiten Satz nimmt die Melodie zunehmend an Fahrt auf und erreicht bei dem Wort „exite“ (geht [Christus, dem Herrn, entgegen!]) ihren Höhepunkt. Dass diese Begegnung aber eine Begegnung mit dem gekreuzigten Christus ist, lässt die melismatisch ausgestattete Melodieformel über „Christo“ vermuten, die identisch ist mit jener Formel bei „mortem [autem crucis]“ aus dem Graduale *Christus factus est* der Karwoche. Auch das Martyrium der hl. Agnes war eine Begegnung mit ihrem „Bräutigam“, Christus, dem Gekreuzigten.

GESANGSTEXTE

Introitus *Me exspectaverunt* – Ps 118(119),95.96; V. Ps 118(119),1

Me exspectaverunt peccatores, ut perderent me: testimonia tua, Domine, intellexi: omnis consummationis vidi finem: latum mandatum tuum nimis.	Auf mich lauerten die Sünder, um mich zu verderben, doch ich achtete auf deine Weisungen, Herr. Ich sah das Ende all dessen, was endlich ist, doch unendlich weit ist dein Gebot.
V. Beati immaculati in via: qui ambulant in lege Domini.	V. Selig die Untadeligen auf dem Weg, die wandeln nach dem Gesetz des Herrn.

Graduale *Diffusa est gratia* – Ps 44(45),3; V. Ps 44(45),5

Diffusa est gratia in labiis tuis: propterea benedixit te Deus in aeternum.	Ausgegossen ist Anmut auf deinen Lippen, deshalb hat Gott dich gesegnet für immer.
V. Propter veritatem, et mansuetudinem, et iustitiam: et deducet te mirabiliter dextera tua.	V. Um der Wahrheit, Sanftheit und Gerechtigkeit willen, und deine Rechte wird dich wunderbar führen.

Communio *Quinque prudentes virgines* – Mt 25,4.6; V. Ps 33(34),2

Quinque prudentes virgines acceperunt oleum in vasis suis cum lampadibus: media autem nocte clamor factus est: Ecce sponsus venit: exite obviam Christo Domino.	Die fünf klugen Jungfrauen nahmen Öl mit sich in ihren Gefäßen zusammen mit Lampen. Um Mitternacht aber erscholl der Ruf: Seht, der Bräutigam kommt, geht Christus, dem Herrn, entgegen!
V. Benedicam Domino in omni tempore: semper laus eius in ore meo.	V. Preisen will ich den Herrn zu jeder Zeit, immer sei sein Lob in meinem Munde.

4. Gedenktag der hl. Agatha am 5. Februar

Die Lebensbeschreibung der hl. Agatha sowie besonders die Akte ihres Martyriums ähneln in vielerlei Hinsicht den biographischen Daten, die über die hl. Agnes von Rom überliefert werden. In Catania auf Sizilien um das Jahr 225 geboren, widersetzte sich Agatha (griechisch: agathe = die Gute) „um des Himmelsreiches willen" dem Drängen des Statthalters Quintinian, die Ehe mit ihm einzugehen. Daraufhin ließ dieser ihr die Brüste abschneiden. Der Legende nach wurden aber auf eine Erscheinung des Apostels Petrus hin ihre Wunden geheilt. Dann legte man sie auf glühende Kohlen, woran sie schließlich, wohl um das Jahr 250, starb. Die Verehrung der hl. Agatha breitete sich sehr rasch aus, zunächst in Sizilien, dann über ganz Italien und bis nach Malta. Aber auch in deutschsprachigen Ländern genoss und genießt sie bis heute hohe Verehrung. Sie wird als Patronin der an Brustkrebs erkrankten Frauen, der Ammen und Hebammen angerufen. Aber auch Handwerksberufe wie Weber, Gläser und Goldschmiede sowie Feuerwehrleute verehren sie als ihre Patronin.

Was die Gesänge des Messpropriums zum Gedenktag der hl. Agatha betrifft, wird hier auf eine erneute Besprechung des Offertoriums *Offerentur ... post eam* verzichtet, da dieses bereits im Zusammenhang mit dem Messproprium am Gedenktag der hl. Cäcilia vorgestellt wurde. Seltsamerweise wurde die eigens für den Gedenktag der hl.

Agatha komponierte Communio *Qui me dignatus est*, die inhaltlich auf die Verstümmelung und wunderbare Heilung von Agathas Brust eingeht, durch die nachkonziliare Neuordnung der Messgesänge aus den aktuellen Ausgaben gregorianischer Messgesänge – aus welchen Gründen auch immer?! – entfernt und durch die Communio *Feci iudicium* ersetzt. Hier wird jedoch die ursprüngliche Communio *Qui me dignatus est* (neuerdings wieder veröffentlicht in: Alessandro DE LILLO, *Supplementum ad Graduale Romanum*, EOS-Verlag St. Ottilien 2019, S. 165) kurz kommentiert. Im Introitus *Gaudeamus omnes* zu Beginn der Messe an diesem Gedenktag wird Agatha namentlich genannt und auf ihr Martyrium verwiesen. Dabei ist von Bedeutung, dass dieser Introitus schon seit alter Zeit für mehrere Heiligenfeste und nicht zuletzt für das Fest Allerheiligen – mit entsprechenden Textvarianten im Mittelteil – Verwendung fand, mit Neumennotation in den ältesten Handschriften aber nur dem Gedenktag der hl. Agatha vorbehalten ist. Damit ist klar, dass dieser Introitus ursprünglich einzig und allein für diesen Gedenktag komponiert wurde. Das Besondere des Graduale *Adiuvabit eam* im V. Modus, eines großartigen und sehr anspruchsvollen Gesangs, besteht darin, dass es nicht – wie die allermeisten Gradualien im V. Modus – als Resultat einer Centonisation, d. h. einer Zusammensetzung aus verschiedenen Versatzstücken entstanden, sondern als Originalkomposition, d. h. größtenteils als ureigene Vertonung des hier vorliegenden Textes zu betrachten ist. Allein dies verleiht dem Graduale *Adiuvabit eam* und damit dem Gedenktag der hl. Agatha, für den es eigens komponiert wurde, große Bedeutung. Das Alleluia mit Vers *Loquebar* ist in keiner frühen gregorianischen Handschrift, sondern erst in der einen oder anderen Handschrift ab dem 11. Jh. bezeugt. Doch weist es klare modale Strukturen auf, die charakteristisch für Gesänge im II. Modus sind. So den mehrmaligen Abstieg zur unteren Grenzstufe *la* sowie eine gewisse modale Konkurrenz zwischen den dominierenden Tonstufen *fa* und *sol*. Eine genuine Komposition der Frühzeit des Gregorianischen Chorals ist die Communio *Qui me dignatus est*. Dies wird vor allem mit Blick auf die modale Struktur der Melodie ersichtlich, die fast das ganze Stück über die Grundtonstufe *fa* des VI. Modus umkreist, von der sie nur an zwei Stellen – bei „restituere" und „invoco" – kurzzeitig abweicht. Das Stück bewegt sich somit gewissermaßen in den Strukturen eines Urmodus C, was auf ein hohes Alter dieser Communio hindeutet.

GESANGSTEXTE

Introitus *Gaudeamus omnes … Agathae* – V. Ps 44(45),2

Gaudeamus omnes in Domino, diem festum celebrantes sub honore Agathae Martyris: de cuius passione gaudent Angeli, et collaudant Filium Dei.	Freuen wir uns alle im Herrn, die wir das Fest zu Ehren der Märtyrin Agatha feiern! Über deren Leiden freuen sich die Engel und loben den Sohn Gottes.
V. Eructavit cor meum verbum bonum: dico ego opera mea Regi.	V. Mein Herz brachte ein gutes Wort hervor, ich weihe meine Werke dem König.

Graduale *Adiuvabit eam* – Ps 45(46),6; V. Ps 45(46),5

Adiuvabit eam Deus vultu suo: Deus in medio eius, non commovebitur.	Gott steht ihr bei, wenn er sie anblickt. Gott ist in ihrer Mitte, sie wird nicht wanken.
V. Fluminis impetus laetificat civitatem Dei: sanctificavit tabernaculum suum Altissimus.	V. Ein reißender Strom erfreut die Stadt Gottes, der Allerhöchste heiligte sein Zelt.

Alleluia / V. *Loquebar* – V. Ps 118(119),46

Alleluia.	Alleluia.
V. Loquebar, Domine, de testimoniis tuis in conspectu regum, et non confundebar.	V. Ich sprach, o Herr, von deinen Weisungen im Angesicht der Könige, und ich wurde nicht zuschanden.

Communio *Qui me dignatus est* – V. Ps 44(45),11.12

Qui me dignatus est ab omni plaga curare, et mamillam	Der sich gewürdigt hat, mich von all meinen Wunden zu heilen und

meam meo pectori restituere, ipsum invoco Deum vivum.	meine Brust wiederherzustellen, ihn rufe ich an, den lebendigen Gott.
V. Audi, filia, et vide et inclina aurem tuam: quia concupivit rex speciem tuam.	V. Höre, Tochter, sieh her und neige dein Ohr, denn der König verlangt nach deiner Schönheit!

5. Gedenktag der hl. Sabina von Rom am 29. August

Sabina entstammte einer römischen Adelsfamilie und war mit dem Senator Valentinus (?) verheiratet. Nach dem Tod ihres Mannes nahm sie durch ihre Magd Serapia den christlichen Glauben an. Um 120 erlitt sie zusammen mit Serapia das Martyrium durch Enthauptung, weil sie sich weigerte, ihrem Glauben an Jesus Christus abzuschwören. Ihre Gebeine und die ihrer Dienerin Serapia befinden sich in der im 5. Jh. erbauten Basilika Santa Sabina auf dem Aventin in Rom. Ihre Verehrung lässt sich seit dem 6. Jh. nachweisen. Sie gilt als Patronin von Rom, der Hausfrauen und Kinder, als Schutzheilige gegen Regen und Blutungen. Im offiziellen Kalender der katholischen Kirche ist der Gedenktag der hl. Sabina seit der nachkonziliaren Kalenderreform von 1969 nicht mehr vertreten, doch darf sie regional weiterhin kultisch verehrt werden, auch mit einer eigenen Messe zu ihren Ehren am 29. August.

In den mittelalterlichen Choralhandschriften sind die Messgesänge am Gedenktag der hl. Sabina überraschend gut bezeugt, und dies sowohl in den alten Textquellen seit dem 9. Jh. als auch in den Neumenhandschriften des 10. und 11. Jhs. Und was die Auswahl der Gesänge betrifft, weisen diese Handschriften eine größtmögliche Übereinstimmung auf. Fast ohne jede Ausnahme ist in ihnen als Eröffnungsgesang der Messe der Introitus *Cognovi Domine* vorgesehen, der jedoch in den aktuellen Gesangbüchern auch dem Gedenktag der hl. Monika zugeteilt ist und der dort kurz kommentiert wird. Das Graduale *Specie tua* mit Text aus Ps 44(45) besingt mit vielen unisonischen Pulsationen und ausgedehnten Melismen, die sich girlandenhaft meist um die Rezitationsstufe *do* des V. Modus ranken, die Schönheit („pulchritudo"), Wahrheit („veritas"), Sanftmut („mansuetudo") und Gerechtigkeit („iustitia") der verehrten Person, im Kontext dieses Gedenktags bezogen auf die hl. Sabina. Das Alleluia mit Vers *Diffusa est gratia* wurde bereits im Zusammenhang mit den Messgesängen am Gedenktag der hl. Lucia kommentiert. Im ersten und zweiten Satz des Offertoriums *Filiae regum*, erneut mit Text aus Ps 44(45), lässt die ungewöhnliche Häufung durchweg zarter unisonischer Tonbewegungen aufhorchen, die dazu angetan sind, freudige Emotionen hervorzurufen. Die musikalischen Höhepunkte sind jedoch jener Passage vorbehalten, wo von der Königin, bekleidet mit goldgewirktem Gewand und buntem Geschmeide, die Rede ist. Die Wahl der Communio *Principes persecuti sunt* dürfte wohl mit Bezug auf das Martyrium der hl. Sabina erfolgt sein. Der Text aus Ps 118 spricht von Bedrohung durch feindliche Mächte, die dem Psalmisten aber keine Furcht einjagen, weil er sich von Gott behütet weiß, dessen Gebote er wie einen reichen Schatz hütet und liebt. Der sehr bewegte Melodieverlauf mit mehreren Höhepunkten klingt wie ein einziges Loblied auf die Gebote Gottes, die dem Menschen den rechten Weg weisen, ihm Rettung, Schutz und Halt gewähren.

GESANGSTEXTE

Graduale *Specie tua* – Ps 44(45),5a.b; V. Ps 44(45),5c.d

Specie tua, et pulchritudine tua intende, prospere procede, et regna.	In deiner Anmut und Schönheit zieh aus, schreite siegreich voran und herrsche.
V. Propter veritatem, et mansuetudinem, et iustitiam, et deducet te mirabiliter dextera tua.	V. Um der Wahrheit, Sanftmut und Gerechtigkeit willen, und wunderbar wird dich deine Rechte führen.

Offertorium *Filiae regum* – Ps 44(45),10

Filiae regum in honore tuo, astitit regina a dextris	Die Töchter der Könige (sind) zu deinen Ehren, die Königin

tuis in vestitu deaurato, circumdata varietate.	steht zu deiner Rechten, angetan mit goldgewirktem Kleid und buntem Geschmeide.

Communio *Principes persecuti sunt* – Ps 118(119),161.162.167; V. Ps 118(119),166

Principes persecuti sunt me gratis, et a verbis tuis formidavit cor meum: laetabor ego super eloquia tua, sicut qui invenit spolia multa. Concupivit anima mea testimonia tua Domine, et dilexit ea vehementer.	Fürsten verfolgten mich ohne Grund, nur vor deinen Worten fürchtete sich mein Herz. Ich freue mich über deine Gebote wie einer, der reiche Beute gefunden hat. Meine Seele verlangt nach deinen Weisungen, Herr, und liebt sie gar sehr.
V. Exspectabam salutare tuum, Domine: et mandata tua dilexi.	V. Ich hoffte auf dein Heil, o Herr, und deine Gebote liebe ich.

6. Gedenktag der hl. Felicitas am 23. November

Über Herkunft und Leben der hl. Felicitas ist wenig bekannt, dafür etwas mehr über ihren Tod. Felicitas, eine römische Christin und Witwe, wurde im Jahr 166 in der Christenverfolgung unter Kaiser Mark Aurel zusammen mit ihren sieben Söhnen ermordet, weil sie sich weigerte, dem christlichen Glauben abzuschwören. Der Legende nach musste sie zusehen, wie ihre sieben Söhne enthauptet wurden, bevor sie selbst das gleiche Schicksal erlitt. Zusammen mit ihren Söhnen wurde sie in den Maximus-Katakomben an der Via Salaria bestattet. Teile der Gebeine der hl. Felicitas finden sich u. a. in Rom und Palermo, aber auch an mehreren Orten in Deutschland, so in Münster, Essen-Werden sowie in der Benediktinerabtei Münsterschwarzach nahe Würzburg. Felicitas wird als Patronin der Frauen und Mütter sowie als Helferin und Schutzheilige für Kindersegen und für eine glückliche Geburt eines Sohnes verehrt.

Im Zuge der nachkonziliaren Kalenderreform von 1969 wurde auch der Gedenktag der hl. Felicitas aus dem für die Gesamtkirche gültigen Heiligenkalender gestrichen und deshalb auch nicht in das Repertoire der aktuellen Choralbücher aufgenommen, und dies, obwohl der Gedenktag ziemlich gut in der kirchlichen Überlieferung verankert sowie in den mittelalterlichen Handschriften bezeugt ist. Andererseits stimmen diese Handschriften in der Wahl der Gesänge weitgehend nicht überein, was sogar bei den St. Gallener Handschriften zu konstatieren ist. Andere Handschriften wie z. B. die aquitanischen Codices BN lat. 776 (Albi) und BN lat. 903 (St. Yrieix) verzeichnen für diesen Gedenktag Gesänge zu Ehren einer heiligen Jungfrau, was Felicitas, Mutter von sieben Söhnen, offenkundig nicht war.

Aus den genanten Gründen weiche ich im folgenden auf das Messproprium aus, das im Graduale Romanum von 1908 für den Gedenktag der hl. Felicitas vorgesehen ist. Davon wurden allerdings zwei der Gesänge bereits andernorts kommentiert: der Introitus *Me exspectaverunt* beim Gedenktag der hl. Agnes und das Graduale *Adiuvabit eam* beim Gedenktag der hl. Agatha. Und die beiden dort angegebenen Alleluia mit ihren Versen aus dem Commune der Jungfrauen (!) sind alles andere als passend für den Gedenktag einer Heiligen, die Mutter von sieben Söhnen war. So verbleiben für eine kurze Vorstellung und Besprechung nur zwei Gesänge aus diesem Proprium: das Offertorium und die Communio. Das melodisch und rhythmisch sehr komplexe Offertorium *Diffusa est gratia* mit Text aus dem nicht weniger komplexen und stellenweise sogar kryptischen Ps 44(45) ist für die ausführenden Sänger und Sängerinnen eine große Herausforderung unter stimmtechnischem und interpretatorischem Gesichtspunkt, dies vor allem wegen der mehrfach auftretenden unisonischen Tonbewegungen, die sich durch die ganze Komposition ziehen, die den Ausführenden ein leichtes Schwingen mit der Stimme und ein Maximum an emotionaler Ausdruckskraft abverlangen. In der Communio-Antiphon *Feci iudicium* sind drei Verse aus Ps 118(119), dem „Psalm der göttlichen Wortoffenbarung", vertont. Die

Melodie bewegt sich in einem relativ ruhigen Fluss dahin, aus dem lediglich zwei Stellen etwas herausragen, wo die Rede ist von Verleumdung durch Stolze („non calumnientur mihi superbi“ – nicht sollen die Stolzen mich verleumden) bzw. vom Weg der Ungerechtigkeit („omnem viam iniquitatis odio habui“ – jeden Weg der Ungerechtigkeit habe ich gehasst). Hier scheint doch etwas Zorn des gregorianischen Komponisten über so viel Unrecht auf dieser Welt aufzublitzen.

GESANGSTEXTE

Offertorium *Diffusa est gratia* – Ps 44(45),3.7

Diffusa est gratia in labiis tuis: propterea benedixit te Deus in aeternum, in saeculum saeculi.	Anmut ist ausgegossen über deine Lippen, deshalb hat Gott dich gesegnet auf ewig, für alle Zeit und Ewigkeit.

Communio *Feci iudicium* – Ps 118(119),121.122.128; V. Ps 118(119),113

Feci iudicium et iustitiam, Domine, non calumnientur mihi superbi: ad omnia mandata tua dirigebar, omnem viam iniquitatis odio habui.	Ich handelte nach Recht und Gerechtigkeit, o Herr, nicht sollen die Stolzen mich verleumden. Nach all deinen Geboten habe ich mich ausgerichtet, jeden Weg der Ungerechtigkeit habe ich gehasst.
V. Iniquos odio habui: et legem tuam dilexi.	V. Ungerechte hasse ich, doch dein Gesetz habe ich lieb.

7. Gedenktag der hl. Barbara am 4. Dezember

Barbaras Existenz ist geschichtlich nicht gesichert. Deshalb wurde auch ihr Gedenktag im Zuge der nachkonziliaren Liturgiereform aus dem für die Gesamtkirche verbindlichen Heiligenkalender gestrichen. Dennoch wird vielerorts nach wie vor dieser Heiligen hohe Verehrung entgegengebracht und ihr Gedenktag am 4. Dezember kultisch gefeiert. Mit Recht, denn ohne Zweifel ist Barbara bis zum heutigen Tag eine der populärsten Heiligen, und viele Mädchen und Frauen sind nach ihr benannt. Nach kirchlicher Tradition stammte Barbara aus Nikomedien, im heutigen Izmit in der Türkei, wo sie Ende des 3. Jhs. geboren wurde. Weil sie sich aus Liebe zu Christus taufen ließ, soll ihr eigener Vater sie am 4. Dezember des Jahres 306 enthauptet haben, worauf dieser auf der Stelle von einem Blitz erschlagen wurde. Deshalb wird Barbara, die seit dem Mittelalter als eine der Vierzehn Nothelfer/innen verehrt wird, auch als Schutzheilige bei Sturm und Gewitter und gegen einen plötzlichen Tod angerufen. Ihre Gebeine wurden der Überlieferung zufolge nach Konstantinopel gebracht und im 12. Jh. nach Kiew in die Ukraine überführt, wo sie heute in der dortigen St. Wladimir-Kathedrale aufbewahrt werden. Andere Reliquien sollen um das Jahr 1000 auf die Insel Torcello bei Venedig in die dortige Basilika und ehemalige Kathedrale Santa Maria Assunta gelangt sein. Am Barbara-Tag finden mancherorts auch heute noch Bräuche statt, die beim Volk sehr beliebt sind. So werden u. a. an ihrem Gedenktag am 4. Dezember Zweige von Obstbäumen abgeschnitten und ins Wasser gestellt. Und wenn die Zweige an Weihnachten zu blühen beginnen, soll dies Glück für das kommende Jahr bringen.

Um das Messproprium am Gedenktag der hl. Barbara ist es leider nicht gut bestellt. Weder in den alten Textquellen noch in den Neumenhandschriften des 10. und 11. Jhs. habe ich den Gedenktag entdeckt. In den aktuellen Choralbüchern ist er nicht mehr vorgesehen, und vier der fünf im Graduale Romanum von 1908 am Gedenktag der hl. Barbara angegebenen Gesänge wurden bereits andernorts kommentiert: der Introitus *Loquebar* und die Communio *Confundantur superbi* für den Gedenktag der hl. Cäcilia, das Graduale *Dilexisti iustitiam* und das Offertorium *Offerentur ... proximae eius* für den Gedenktag der hl. Lucia. Der einzig verbliebene Gesang, das Alleluia mit Vers *Adducentur,* folgt über weite Strecken einer Typusmelodie im III. Modus, die im Laufe des Kirchenjahres noch zwei weitere Male vorkommt: im Alleluia mit Vers *Veni, Domine* des 4. Adventssonntags und im Alleluia *Paratum cor meum* des 26. Sonntags im Jahreskreis (des vormaligen 20. Sonntags nach Pfingsten). Die unter modalem Gesichtspunkt sehr komplexe Melodiestruktur wird dem Text aus Ps 44(45) in allen Belangen gerecht. Im Solovers ragt vor allem der Beginn, in dem von Jungfrauen die Rede ist, die dem König zugeführt werden („Adducentur regi virgines"), aus dem übrigen musikalischen Geschehen des gesamten Verses deutlich heraus, dies sowohl durch subtile rhythmische Differenzierungen als auch durch einen spannungsvollen Melodieaufbau aus der Tiefe bis zum melodischen Höhepunkt bei „regi virgines".

GESANGSTEXT

Alleluia / *Adducentur* – Ps 44(45),15.16

Alleluia.	Alleluia.
V. Adducentur regi virgines: post eam proximae eius offerentur tibi in laetitia.	V. Jungfrauen werden dem König zugeführt, nach ihr werden ihre Freundinnen freudig zu dir gebracht.

8. Gedenktag der hl. Margareta von Antiochien am 20. Juli

Alle Berichte über das Leben und das Martyrium der hl. Margareta sind inhaltlich legendär und somit geschichtlich nicht gesichert. Und so wurde im Zuge der nachkonziliaren Liturgiereform auch ihr Gedenktag aus dem gesamtkirchlichen Heiligenkalender gestrichen. Dennoch erfreut sich die Heilige nach wie vor einer im Volk weit verbreiteten Verehrung, zumal sie auch zu den Vierzehn Nothelfern gezählt wird. Und da sie die Namenspatronin vieler Mädchen und Frauen der heutigen Zeit ist, soll ihrer auch in diesem Buch gedacht werden. Margareta wurde den Legenden zufolge im letzten Viertel des 3. Jhs. in Pisidien im Südwesten Kleinasiens in der heutigen Türkei als Tochter eines heidnischen Priesters geboren. Da sie sich zum christlichen Glauben bekannte, wurde sie vom eigenen Vater beim Stadtpräsidenten Olybrius denunziert. Als sie dessen Zudringlichkeiten widerstand, wurde sie qualvoll gefoltert und erlitt schließlich um 305 das Martyrium durch Enthauptung. Nach einer dieser legendären Überlieferungen betete sie auf dem Weg zu ihrer Hinrichtung sowohl für ihre Verfolger als auch in besonderer Weise für Schwangere und Gebärende, als deren Schutzpatronin sie deshalb angerufen wird.

Angesichts der legendären Überlieferungen des Lebens und Martyriums der hl. Margareta ist man überrascht, dass ihr Gedenktag in den St. Gallener Handschriften des 10./11. Jhs gut bezeugt ist. Doch sind alle dort vorgesehenen und verfügbaren Gesänge bereits vergeben: der Introitus *Me exspectaverunt* und das Graduale *Diffusa est gratia* für den Gedenktag der hl. Agnes, das Offertorium *Filiae regum* für den Gedenktag der hl. Sabina, die Communio *Diffusa est gratia* für den Gedenktag der hl. Lucia. Die Melodie des Alleluia mit Vers *Egregia sponsa* findet sich weder in einer der mir zugänglichen Handschriften noch im Graduale Romanum von 1908 oder in einer der aktuellen Choralausgaben. Um der hl. Margareta die ihr zustehende Ehre zu erweisen, habe ich ihr die bislang nicht vergebene Communio *Simile est regnum caelorum* zugeteilt. Vom Text aus Mt 13,45.46 her passt dieser Gesang wie geschaffen für den Gedenktag der hl. Margareta. Der Name „Margareta" bedeutet ja „Perle". Von einer „margarita", einer Perle, ist auch in dieser Communio die Rede. Und weil von dieser Perle gesagt wird, dass sie kostbar ist und nach langem Suchen endlich gefunden wurde, fühlte sich offensichtlich der gregorianische Komponist besonders inspiriert, die Passage „inventa una pretiosa margarita" als melodischen und expressiven Höhepunkt dieser wunderbaren Komposition zu gestalten.

GESANGSTEXT

Communio *Simile est regnum caelorum* – Mt 13,45.46; V. Ps 33(34),4

Simile est regnum caelorum	Das Himmelreich gleicht einem
homini negotiatori, quaerenti	Kaufmann, der schöne Perlen
bonas margaritas: inventa	suchte. Als er eine besonders

una pretiosa margarita, dedit omnia sua, et comparavit eam.

kostbare Perle fand, veräußerte er seinen ganzen Besitz und kaufte sie.

V. Magnificate Dominum mecum: et exaltemus nomen eius in idipsum.

V. Preiset mit mir den Herrn, und lasst uns alle zusammen seinen Namen erheben.

9. Gedenktag der hl. Katharina von Alexandrien am 25. November

Der Legende nach wurde Katharina als Tochter des Königs Costus von Zypern geboren. Sie soll eine sehr schöne und hochgebildete Frau gewesen sein. Dem Werben des Sohnes des Kaisers erteilte sie eine Absage, nachdem ein Einsiedler sie darauf hingewiesen hatte, dass Jesus Christus ihr Bräutigam sei. Daraufhin ließ sie sich taufen. Später, in Alexandria, sollte Katharina auf Befehl des Kaisers Maxentius den Götzen opfern. Sie weigerte sich und forderte vom Kaiser eine Diskussion, in der sie ihre Gründe darlegen konnte. Zu diesem Treffen lud Maxentius 50 Philosophen ein, die allesamt gegen die Argumentationen Katharinas nicht aufkamen und sich daraufhin sogar zum Christentum bekehrten. Nachdem dann der Kaiser selbst sie umworben und sie sich erneut verweigert hatte, war ihr Schicksal besiegelt. Sie wurde qualvollen Torturen ausgesetzt und sollte gerädert werden. Doch die Räder zersprangen und töteten ihre Peiniger. Nach weiteren grausamen Folterungen wurde sie schließlich enthauptet. Ihr Leib wurde auf den Berg Sinai gebracht, wo er seitdem in der Basilika des berühmten nach ihr benannten Klosters aufbewahrt und verehrt wird. Wie Barbara und Margareta zählt auch Katharina zu den Vierzehn Nothelfern. Unter den vielen Patronaten, die der hl. Katharina von Alexandrien zugeordnet werden, ist wegen ihrer hohen Gelehrsamkeit vor allem jenes für Philosophen und Theologen, Wissenschaftler und Gelehrte jeder Couleur, für Hochschulen und Bibliotheken zu nennen.

Durch die Kalenderreform von 1969 wurde auch der Gedenktag der hl. Katharina von Alexandrien für die Gesamtkirche gestrichen.

Im Jahr 2001 kehrte er aber in den gesamtkirchlichen Heiligenkalender wieder zurück. In den mir zugänglichen mittelalterlichen Choralhandschriften ist dieser Gedenktag nicht bezeugt, ebensowenig im Graduale Romanum von 1974 und im Graduale Triplex von 1979. Im Graduale Novum ist jedoch der Wiedereinführung des Gedenktags im Jahr 2001 Rechnung getragen. Aber die dort vorgeschlagenen Messgesänge sind allesamt schon für andere in diesem Buch kommentierten Feste und Gedenktage vergeben: der Introitus *Loquebar*, das Graduale *Audi filia*, das Alleluia mit Vers *Quinque prudentes virgines* und die Communio *Confundantur superbi* für den Gedenktag der hl. Cäcilia, das Offertorium *Offerentur ... proximae* für den Gedenktag der hl. Lucia. Auch die Alternativvorschläge des Graduale Novum wurden bereits andernorts kommentiert. Gestützt auf dem seit der Liturgiereform des Zweiten Vatikanischen Konzils gültigen und praktizierten Grundsatz „hic seu alius cantus aptus" (dieser oder ein anderer geeigneter Gesang) schlage ich als Alternative für Introitus und Communio zwei Gesänge vor, die zum Gedenktag Katharinas, der Patronin der Philosophen und Theologen, gut zu passen scheinen: den Introitus *Meditatio cordis mei* und die Communio *Qui meditabitur*. Im Introitus mit Text aus Ps 18(19) hebt der gregorianische Komponist vor allem die Passage „Meditatio cordis mei" (das Sinnen meines Herzens) gleich zu Beginn des Stückes hervor, so als wollte er damit sagen oder sogar den Philosophen und Theologen seiner Zeit ins Gewissen reden: das alleinige Nachdenken über Gott mit dem Verstand reicht nicht aus, wenn nicht auch das Herz beteiligt ist. In der Communio *Qui meditabitur* sind es die beiden textlichen Sinnspitzen „in lege Domini" (über das Gesetz des Herrn) und „dabit fructum" (... wird [seine] Frucht bringen), die der Komponist durch Höherführung der Melodie besonders heraushebt. Damit will er wohl mit Nachdruck betonen: Das unablässige Bedenken der Weisungen Gottes ist die sicherste Garantie für ein erfülltes und gelungenes Leben.

GESANGSTEXTE

Introitus *Meditatio cordis mei* – Ps 18(19),15; V. Ps 18(19),2

Meditatio cordis mei in conspectu tuo semper: Domine adiutor meus, et redemptor meus.	Das Sinnen meines Herzens ist immer vor dir, o Herr, du mein Helfer und mein Erlöser.
V. Caeli enarrant gloriam Dei: et opera manuum eius annuntiat firmamentum.	V. Die Himmel erzählen die Herrlichkeit Gottes, und von den Werken seiner Hände kündet das Firmament.

Communio *Qui meditabitur* – Ps 1,2.3; V. Ps 1,1

Qui meditabitur in lege Domini die ac nocte, dabit fructum suum in tempore suo.	Wer nachsinnt über das Gesetz des Herrn Tag und Nacht, wird seine Frucht bringen zur rechten Zeit.
V. Et folium eius non defluet: et omnia, quaecumque faciet, prosperabuntur.	V. Und sein Laub wird nicht abfallen, und all sein Tun wird ihm gelingen.

10. Gedenktag der hl. Monika am 27. August

Monika wurde um 332 in Tagaste in Numidien (im heutigen Algerien) als Tochter christlicher Eltern geboren und als fromme Christin erzogen. Aus ihrer Ehe mit dem heidnischen römischen Beamten Patricius ging ihr Sohn Augustinus hervor, der wohl bedeutendste Theologe und Kirchenvater der christlichen Antike des Abendlandes. Im Jahr 385 folgte Monika ihrem Sohn Augustinus nach Mailand und machte ihn dort mit dem Bischof Ambrosius bekannt. In der Osternacht des Jahres 387 wurde Augustinus in Gegenwart seiner Mutter Monika durch Ambrosius getauft. Noch im selben Jahr 387 traten Mutter und Sohn die Heimreise nach Nordafrika an, während der Monika in der Hafenstadt Ostia nahe Rom im Alter von 55 Jahren starb. Ihre Gebeine wurden im Jahr 1430 von Ostia nach Rom überführt, wo sie seither in der Basilika Sant'Agostino nahe der Piazza Navona aufbewahrt und verehrt werden. Im Zuge der nachkonziliaren Kalenderreform von 1969 wurde der ursprüngliche Gedenktag am 4. Mai auf den 27. August, einen Tag vor dem Gedenktag von Monikas Sohn Augustinus, verlegt. Monika wird als Patronin der Frauen und Mütter sowie als Helferin für die Bekehrung der Kinder angerufen.

Da ein Messproprium zum Gedenktag der hl. Monika weder in den gregorianischen Neumenhandschriften des 10./11. Jhs. noch in dem für ein Augustinerchorherrenstift geschriebenen Codex Graz 807 (Mitte 12. Jh.) bezeugt ist, beziehe ich mich im folgenden auf die in den aktuellen Ausgaben angeführten Gesänge, die insgesamt dem klassischen Kernrepertoire des Gregorianischen Chorals angehören. Dabei wurden drei der Gesänge bereits kommentiert: das Graduale *Diffusa est gratia* und das Offertorium *Diffusa est gratia* für die Gedenktage der hl. Agnes bzw. der hl. Felicitas sowie die Communio *Dilexisti iustitiam* für das Fest Mariä Geburt. Der Text des Introitus *Cognovi Domine* aus Ps 118(119) entbehrt nicht einer gewissen Dramatik. Da ist die Rede von einem Menschen, der sich durch die wahren und gerechten Urteile Gottes zurecht erniedrigt fühlt und der deshalb Gott anfleht, seinen Leib mit Furcht vor ihm zu durchbohren und ihn von seinen Geboten nicht zurückzustoßen. Um der Dramatik des Textes gerecht zu werden, eignet sich die Melodiestruktur eines III. Modus mit mehreren schwungvollen Aufstiegen aus der Tiefe vom Grundton *mi* über *sol* zum Tenor *si*, der seinerseits an mehreren Stellen durch das unmittelbar benachbarte *do* angezogen wird, vortrefflich. Im Alleluia mit Vers *Specie tua* findet einmal mehr die bekannte Typusmelodie im VIII. Modus Verwendung. Hier lädt der Melodieverlauf gleich zu Beginn des Soloverses dazu ein, die Anmut und Schönheit der verehrten, „angebeteten" Person – im Kontext des ganzen Ps 44(45) ist es eine Königstochter, die dem König zugeführt wird – gebührend zu bewundern und sich an ihr zu erfreuen.

GESANGSTEXTE

Introitus *Cognovi Domine* – Ps 118(119),75.120.10; V. Ps 118(119),1

Cognovi Domine, quia aequitas iudicia tua, et in veritate tua humiliasti me: confige timore tuo carnes meas, a mandatis tuis non me repellas.	Ich habe erkannt, o Herr, dass deine Urteile gerecht sind und dass du mich gemäß deiner Wahrheit erniedrigt hast. Durchbohre mit Furcht vor dir mein Fleisch und stoße mich nicht zurück von deinen Geboten.
V. Beati immaculati in via: qui ambulant in lege Domini.	V. Selig, die untadelig sind auf ihrem Weg, die wandeln nach dem Gesetz des Herrn.

Alleluia / V. *Specie tua* – Ps 44(45),5

Alleluia.	Alleluia.
V. Specie tua, et pulchritudine tua intende, prospere procede, et regna.	V. In deiner Anmut und Schönheit zieh aus, schreite siegreich voran und herrsche.

VI. FESTE/GEDENKTAGE HEILIGER MÄNNER

1. Gedenktag des hl. Papstes Clemens I. am 23. November

Papst Clemens I. wurde um das Jahr 50 in Rom geboren. Durch den Apostel Paulus soll er vom Judentum zum Christentum bekehrt und von Barnabas, dem Mitarbeiter des Paulus im Apostelamt, getauft worden sein. So ist er Paulus und Barnabas und wohl auch Petrus in Rom persönlich begegnet, was ihm den Ehrentitel „Apostolischer Vater" eingetragen hat. Um das Jahr 88 wurde er als dritter Nachfolger des Apostels Petrus zum Bischof von Rom gewählt. Seine Bekanntheit und seine kirchengeschichtliche Bedeutung erlangte er vor allem durch die beiden „Clemensbriefe", dessen erster mit ziemlicher Sicherheit von ihm stammt, dessen zweiter wohl eher nicht. Sein erster Brief wendet sich an die christliche Gemeinde von Korinth und nimmt Bezug auf die dort vorherrschende chaotische Situation. Darüber hinaus informiert der Brief über das Leben und die Organisationsformen der Gemeinde von Rom und vor allem über die zentrale Stellung des Bischofs von Rom in der frühen Christenheit. Im Jahr 97 oder 101 ist Clemens gestorben, kirchlichen Überlieferungen zufolge in Rom oder auf der Krim als Märtyrer in der Christenverfolgung des Kaisers Trajan. Seine Gebeine werden in der nach ihm benannten wunderschönen Basilika San Clemente in Rom aufbewahrt. Eine besondere Verehrung wird Papst Clemens I. in Spanien zuteil, wo auch heute noch am 23. November eine in der Kathedrale von Sevilla aufbewahrte Reliquie des Heiligen in einer feierlichen Prozession durch die Stadt getragen wird, dies in dankbarer Erinnerung an die Rückeroberung der Stadt von den Mauren. Der hl. Papst Clemens I. wird als Schutzpatron u. a. von Sevilla, der Halbinsel Krim und bei Sturm und Gewitter angerufen.

Die Messgesänge zum Gedenktag des hl. Papstes Clemens I. sind in den mittelalterlichen Handschriften gut bezeugt. Mit ihnen stimmen zum größten Teil auch die in den aktuellen Ausgaben vorgesehenen Gesänge überein. Drei der Gesänge werden in diesem Buch allerdings andernorts kommentiert: das Graduale *Iuravit Dominus* beim Gedenktag des hl. Papstes Gregor des Großen, Offertorium *Veritas mea* und Communio *Beatus servus* beim Gedenktag des hl. Martin. Der in den St. Gallener Handschriften des 10./11. Jhs. am Gedenktag des hl. Papstes Clemens I. vollständig mit Text und Neumennotation wiedergegebene Introitus *Dicit Dominus: Sermones* ist an mehreren Stellen durch unisonische Tonbewegungen gekennzeichnet, deren teils leichtere Pulsationen wie bei „Sermones meos" (meine Worte) und „nomen tuum" ([denn] dein Name [ist gegenwärtig]), teils gewichtigere Pulsationen wie bei „non deficient" (... sollen nicht [aus deinem Munde] weichen) nach der Absicht des gregorianischen Komponisten bei Sängern und Hörern starke Emotionen hervorrufen und so der Bedeutung der Verkündigung der göttlichen Botschaft gerecht werden sollen. Im Codex St. Gallen 376 ist auch ein Alleluia verzeichnet: das Alleluia mit Vers *Elegit te Dominus*, das aber beim Gedenktag des hl. Papstes Leo des Großen kurz kommentiert wird. Deshalb weiche ich hier auf das in den aktuellen Choralausgaben vorgesehene Alleluia mit Vers *Hic est sacerdos* aus. Es stellt eine in manchen Handschriften ab dem 11. Jh. bezeugte Adaptation der bekannten Typusmelodie im II. Modus dar, dessen Vers hier allerdings aus Textgründen stark verkürzt ist. Dennoch ist das einzige größere Melisma des Verses passenderweise dem Schlüsselbegriff „sacerdos" ([Dies ist] der Priester) vorbehalten.

GESANGSTEXTE

Introitus *Dicit Dominus: Sermones* – vgl. Jes 59,12; 56,5.7; V. Ps 88(89),2

Dicit Dominus: Sermones meos,	So spricht der Herr: Meine Worte,
quos dedi in os tuum,	die ich in deinen Mund legte,
non deficient de ore tuo:	sollen nicht aus deinem Munde

adest enim nomen tuum, et munera tua accepta erunt super altare meum.	weichen. Denn dein Name ist (mir) gegenwärtig, und an deinen Gaben auf meinem Altar habe ich Gefallen.
V. Misericordias Domini in aeternum cantabo.	V. Die Barmherzigkeit des Herrn will ich auf ewig besingen.

Alleluia / V. *Hic est sacerdos*

Alleluia.	Alleluia.
V. Hic est sacerdos, quem coronavit Dominus.	V. Dies ist der Priester, den der Herr gekrönt hat.

2. Fest des hl. Laurentius am 10. August

Zweifellos ist Laurentius einer der meistverehrten Heiligen, und dies seit der Frühzeit des Christentums bis in die Gegenwart. Geboren im 3. Jh. in der spanischen Stadt Huesca, gelangte er nach Rom und wurde dort einer der sieben Diakone, verantwortlich für die Verwaltung der Kirchengüter und die Sozialarbeit der Kirche von Rom. Nachdem der Bischof von Rom, Papst Sixtus II., in der Christenverfolgung des Kaisers Valerian enthauptet wurde, erhob dieser Anspruch auf die Kirchengüter. Diesem Ansinnen des Kaisers widersetzte sich Laurentius, indem er der Legende nach die Besitztümer der Kirche von Rom an die Armen und Leidenden verteilte. Daraufhin ließ ihn der erboste Kaiser mehrfach foltern und schließlich am 10. August 258 auf einem glühenden Rost zu Tode martern. Nahe seinem Grab wurde später die Kirche San Lorenzo fuori le mura, eine der sieben Hauptkirchen Roms, errichtet. Laurentius wird bis zum heutigen Tag als Schutzpatron der Armen, Entrechteten und Leidenden sowie einiger Handwerksberufe, die mit Feuer zu tun haben, verehrt.

In den ältesten gregorianischen Handschriften ist das Fest des hl. Laurentius sowohl mit der Festmesse am 10. August als auch mit einer Vigilmesse am Tag davor und einer Messe am Oktavtag vertreten. Dies allein zeigt schon, welch große Verehrung der Heilige seit der Antike genoss. In der nachkonziliaren Liturgie ist nur noch

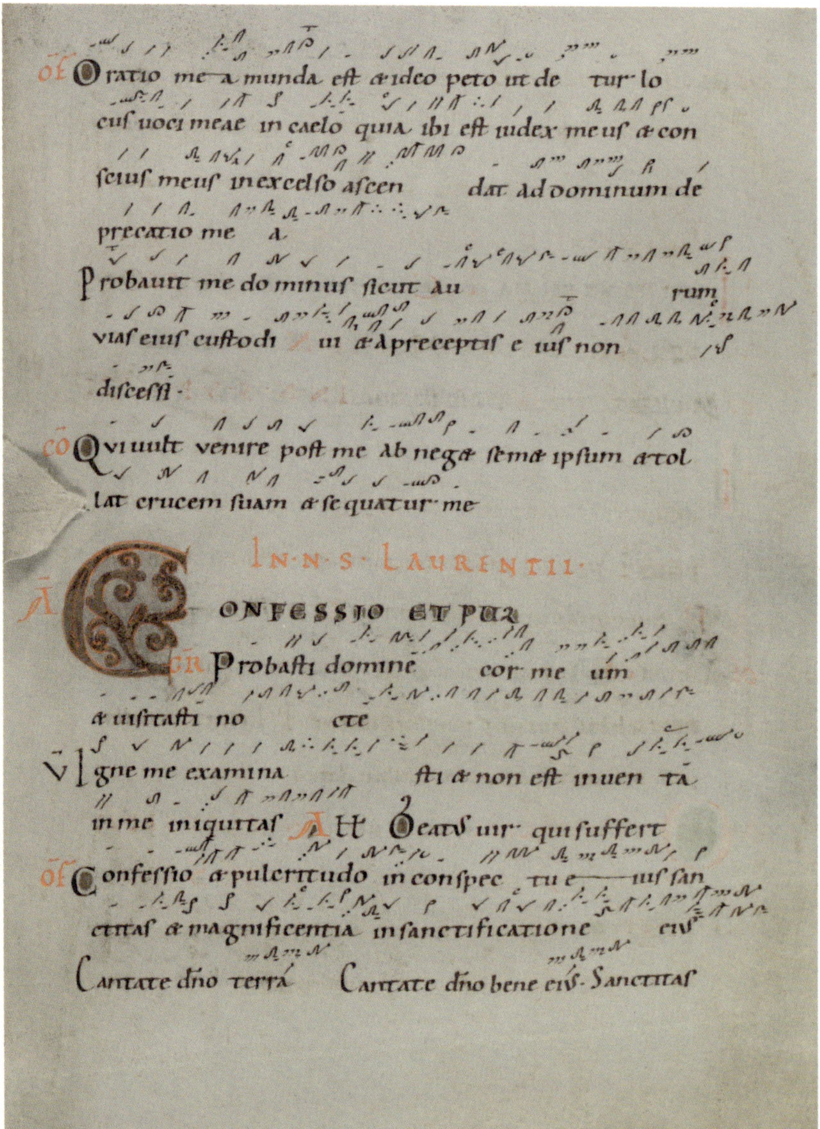

Graduale *Probasti Domine* und Offertorium *Confessio* aus St. Gallen, Codex 376, p. 247, 2. Hälfte 11. Jh., Stiftsbibliothek St. Gallen.

die Festmesse am 10. August vorgesehen. Im Introitus *Confessio et pulchritudo* wird die Herrlichkeit Gottes besungen, der sich im Leben und Sterben seiner Heiligen als machtvoll erwiesen hat. Der Melodieverlauf im III. Modus mit mehrmaligem Auftreten meist filigraner Reperkussionen verleiht diesem Lobpreis Gottes Gewicht und Spannung zugleich. Die Textauswahl des Graduale *Probasti, Domine* aus Psalm 16(17) ist wohl absichtlich mit Bezug auf das Martyrium des hl. Laurentius erfolgt, wie vor allem der erste Satz des Soloverses („Igne me examinasti" – Im Feuer hast du mich geprüft) und seine zu Beginn gewichtige Vertonung vermuten lassen. Der musikalische Höhepunkt wird jedoch erst im Schlusssatz des Soloverses („et non est inventa in me iniquitas" – und in mir fand sich kein Unrecht) erreicht, was im Kontext dieses Festes wohl als Anspielung auf die Standfestigkeit und Treue bis zum Tod des Märtyrers Laurentius zu deuten ist. Das Alleluia mit Vers *Levita Laurentius* findet sich in keiner der ältesten Choralhandschriften, ist jedoch als Adaptation des etwas älteren Alleluia mit Vers *Laetabitur iustus* in einigen Handschriften ab dem 12. Jh. bezeugt. Eine schwungvolle Melodie, die an mehreren Stellen bis in den oberen Grenzbereich des VII. Modus vordringt, bringt den Text, der von der Sorge des Laurentius für die Armen und Benachteiligten – hier für die Blinden – spricht, zum Leuchten. Mit dem Offertorium *Confessio et pulchritudo* kehrt noch einmal der Text aus Psalm 95(96) wieder, der schon für die Introitus-Antiphon Verwendung fand. In der Vertonung sind die Schlüsselbegriffe „pulchritudo" (Schönheit), „sanctitas" (Heiligkeit) und „magnificentia" (Pracht), die sich auf Gott beziehen, gegenüber dem übrigen Melodieverlauf im unteren Bereich des IV. Modus deutlich herausgehoben. In der Communio *Qui mihi ministrat* schließlich, in der ein Jesus-Wort aus Joh 12,26 vertont ist, fällt auf Anhieb der starke melodische Kontrast zwischen „ubi ego" (wo ich [bin]) und „minister" ([dort wird auch mein] Diener [sein]) auf. Es ist, als wollte der Komponist damit zum Ausdruck bringen, dass der Diener Christi zuerst die Tiefen menschlicher Existenz durchschreiten müsse, bevor er in die

Herrlichkeit des Himmels, in die Gemeinschaft mit dem erhöhten Christus aufgenommen werden kann.

GESANGSTEXTE

Introitus *Confessio et pulchritudo* – Ps 95(96),6; V. Ps 95(96),1

Confessio et pulchritudo in conspectu eius: sanctitas et magnificentia in sanctificatione eius.	Lobpreis und Schönheit sind vor seinem Angesicht, Heiligkeit und Pracht in seinem Heiligtum.
V. Cantate Domino canticum novum: cantate Domino omnis terra.	V. Singt dem Herrn ein neues Lied, singt dem Herrn, alle Lande!

Graduale *Probasti, Domine* – Ps 16(17),3a; V. Ps 16(17),3b

Probasti, Domine, cor meum, et visitasti nocte.	Du hast erforscht, o Herr, mein Herz und es heimgesucht bei Nacht.
V. Igne me examinasti, et non est inventa in me iniquitas.	V. Im Feuer hast du mich geprüft, und es fand sich in mir kein Unrecht.

Alleluia / V. *Levita Laurentius*

Alleluia.	Alleluia.
V. Levita Laurentius bonum opus operatus est: qui per signum crucis caecos illuminavit.	V. Der Levit Laurentius vollbrachte ein gutes Werk, er, der durch das Zeichen des Kreuzes Blinde sehen machte.

Offertorium *Confessio et pulchritudo* – Ps 95(96),6

Confessio et pulchritudo in conspectu eius: sanctitas et magnificentia in sanctificatione eius.	Lobpreis und Schönheit sind vor seinem Angesicht, Heiligkeit und Pracht in seinem Heiligtum.

Communio *Qui mihi ministrat* – Joh 12,26; V. Ps 16(17),1

Qui mihi ministrat, me sequatur: et ubi ego sum, illic et minister meus erit.	Wer mir dienen will, folge mir nach, und wo ich bin, dort wird auch mein Diener sein.

V. Exaudi, Domine, iustitiam meam: intende deprecationem meam.	V. Erhöre, Herr, meine Gerechtigkeit, hab acht auf mein Flehen!

3. Gedenktag des hl. Sebastian am 20. Januar

Sebastian war ein römischer Soldat des 3. Jahrhunderts. Weil er sich zum Christentum bekannte, wurde er unter Kaiser Diokletian zum Tode verurteilt. Geschosse mit Pfeil und Bogen verwundeten ihn schwer, doch töten konnten sie ihn nicht. Daraufhin wurde er mit Keulen erschlagen. Über seinem Grab wurde die Kirche San Sebastiano fuori le mura, eine der sieben Hauptkirchen Roms, errichtet. Seine Verehrung breitete sich sehr bald über Rom auf das gesamte christliche Abendland aus und gelangte sehr viel später, im Zuge der Kolonialisierung Südamerikas, nach Brasilien. In Rio de Janeiro, das eigentlich mit vollem Namen Cidade de Sao Sebastiao do Rio de Janeiro heißt, ist noch heute eine feierliche Prozession am Gedenktag des hl. Sebastian, des Patrons der Stadt, ein großes religiöses Ereignis. Innerhalb Deutschlands ist die Verehrung des hl. Sebastian, des Schutzpatrons gegen die Pest und der Pestkranken, vor allem an vielen Orten Bayerns anzutreffen, so im unterfränkischen Lengfurt, in Landshut und Ebersberg, wo in der ehemaligen Abteikirche St. Sebastian die Hirnschale des hl. Sebastian aufbewahrt wird.

Die Neuordnung des Heiligenkalenders als Frucht der Liturgiereform des Zweiten Vatikanischen Konzils hat auch einen Eingriff in den Gedenktag am 20. Januar mit sich gebracht. Seit alter Zeit wurden an diesem Tag zwei Heilige mit ein und demselben Messformular und so auch mit ein und demselben gregorianischen Messproprium kultisch verehrt: der hl. Papst Fabian und der hl. Sebastian. Auch in den ältesten gregorianischen Handschriften ist nur *ein* Messproprium für beide Heilige mit ein und denselben Gesängen bezeugt. Dies hat sich in nachkonziliarer Zeit geändert: Beide Heilige können zwar am selben Tag kultisch gefeiert werden, aber mit je eigenem

Messformular und Messproprium. Und dies ist auch der Grund dafür, warum ich hier nicht den in den gregorianischen Handschriften bezeugten Messgesängen zum Gedenktag der hll. Fabian und Sebastian, sondern jenen folge, die in den aktuellen Choralbüchern für den Gedenktag des hl. Sebastian vorgesehen sind.

Von den heute für den Gedenktag des hl. Sebastian vorgesehenen Messgesängen werden hier zwei kommentiert, die textlich besonders geeignet erscheinen, das Martyrium des hl. Sebastian sowie das schützende, heilende und rettende Eingreifen Gottes vor Augen zu führen: der Introitus *Salus autem iustorum* und das Graduale *Iustus non conturbabitur.* Während im Introitus bei den Worten „et protector eorum est“ (und er ist ihr Beschützer) die schützende Gegenwart Gottes mit weit nach oben ausgreifender Melodie besungen wird, ist im Chorstück des Graduale bei den Worten „quia Dominus firmat manum eius“ (denn der Herr macht stark seine Hand) die Zusage Gottes, den Gerechten („Iustus“) in großer Not nicht im Stich zu lassen, sondern ihn gegen feindliche Attacken stark zu machen, mit besonderem musikalischen Nachdruck hervorgehoben. Ein Kommentar zum Alleluia mit Vers *Gaudete iusti* findet sich beim Fest des hl. Apostels Thomas. Als bemerkenswerte Komposition präsentiert sich das Offertorium *Laetamini in Domino.* Mehrfach auftretende Reperkussionsneumen, die bald zartere Schwebungen, bald gewichtige Schwingungen im großenteils unisonischen Melodieverlauf anzeigen, verleihen diesem Gesang ein markantes rhythmisches Profil. Alle gerechten Menschen („iusti“) und solche mit einem aufrechten Herzen („recti corde“) werden eingeladen, sich im Herrn zu freuen und sich in ihm zu rühmen. So die Botschaft dieses ganz besonderen Offertoriums am Gedenktag des hl. Märtyrers Sebastian. In der Communio *Multitudo languentium* ist ein Text vertont, der inhaltlich auf Lk 6,17.18.19 beruht, auch wenn er kein wörtliches Zitat dieser Bibelstelle ist. Im gesamten Melodieverlauf sind vor allem die Worte „virtus“ ([denn es ging] eine Kraft [von ihm aus]) und „sanavit“ ([und] er heilte [sie alle]) im Schlusssatz herausragend gestaltet.

GESANGSTEXTE

Introitus *Salus autem iustorum* – Ps 36(37),39; V. Ps 36(37),1

Salus autem iustorum
a Domino: et protector eorum
est in tempore tribulationis.

V. Noli aemulari
in malignantibus: neque
zelaveris facientes iniquitatem.

Das Heil der Gerechten kommt
vom Herrn, und er ist ihr Beschützer in Zeiten der Bedrängnis.

V. Ereifere dich nicht
über die Frevler und
beneide nicht, die Unrecht tun!

Graduale *Iustus non conturbabitur* – Ps 36(37),24; V. Ps 36(37),26

Iustus non conturbabitur,
quia Dominus
firmat manum eius.

V. Tota die miseretur,
et commodat:
et semen eius
in benedictione erit.

Der Gerechte wird nicht
abstürzen, denn der Herr
macht stark seine Hand.

V. Den ganzen Tag erbarmt
er sich, und er leiht (freigebig)
aus, und seine Nachkommen
werden gesegnet sein.

Offertorium *Laetamini in Domino* – Ps 31(32),11

Laetamini in Domino,
et exsultate iusti: et gloriamini
omnes recti corde.

Freut euch im Herrn und frohlockt,
ihr Gerechten, und rühmt euch,
alle, die ihr redlichen Herzens seid!

Communio *Multitudo languentium* – vgl. Lk 6,17.18.19; V. Ps 33(34),16

Multitudo languentium,
et qui vexabantur a spiritibus
immundis, veniebant ad eum:
quia virtus de illo exiebat,
et sanabat omnes.

V. Oculi Domini super iustos:
et aures eius
in preces eorum.

Viele von Siechtum
und unreinen Geistern
geplagten Menschen kamen
zu ihm, denn es ging eine Kraft
von ihm aus, und er heilte sie alle.

V. Die Augen des Herrn ruhen
auf den Gerechten, und seine
Ohren hören ihre Bitten.

4. Gedenktag des hl. Papstes Felix I. am 30. Dezember

Über Leben und Wirken des hl. Papstes Felix I. ist wenig bekannt. Geboren um 210 in Rom (?), wurde er 268 oder 269 zum Papst gewählt. Eine gewisse Bekanntheit und kirchengeschichtliche Bedeutung erlangte er durch eine Schrift, in der er gegen die Lehre des Paulus von Samosata, der die Gottheit Christi leugnete, Stellung bezog. Diese Schrift beeinflusste sogar noch fast 200 Jahre später die dogmatische Lehrverkündigung der Gottesmutterschaft Marias auf dem Konzil von Ephesus im Jahr 431. Außerdem wurde zu seiner Amtszeit die Stellung des Bischofs von Rom deutlich gestärkt. Gemäß der Angabe des „Liber Pontificalis", eines im 6. Jh. entstandenen Buches mit Biographien der Päpste, soll Papst Felix I. den Märtyrertod gestorben sein. Heute nimmt man eher an, er sei, vermutlich am 30. Dezember 273/274, in Rom eines natürlichen Todes gestorben und in den Katakomben des Calixtus bestattet worden.

Der Gedenktag des hl. Papstes Felix I. ist in den mir zugänglichen gregorianischen Handschriften – im Unterschied zum Gedenktag eines Heiligen gleichen Namens, des hl. Felix von Nola, – nicht bezeugt. Nach der Kalenderreform von 1969 wurde er auch aus dem offiziellen Heiligenkalender der Gesamtkirche gestrichen. Deshalb orientierte ich mich bei der Auswahl der Messgesänge an den in den aktuellen Gesangbüchern verzeichneten Vorschlägen für Gedenktage heiliger Päpste. Im Introitus *Sacerdotes eius* mit Text aus Ps 131(132) werden die Priester aufgefordert, sich mit Heil zu bekleiden, und die Frommen, sich zu freuen und zu jubeln. Die Schlüsselbegriffe „salutare" (Heil) und „exsultatione" (mit Jubel) sind identisch vertont, und dies mit einem rhythmischen Profil von besonderer Ausdruckskraft. Der Text der Introitus-Antiphon findet sich, geringfügig verändert, auch im Chorstück des Graduale *Sacerdotes eius* wieder. Und auch hier sind die beiden Schlüsselbegriffe „salutari" und „exsultatione" hervorgehoben, diesmal ganz besonders durch melismatische Ausschmückungen. Im Solovers ist der zweite Satz „paravi lucernam

Christo meo“ (ich bereitete eine Leuchte für meinen Gesalbten) mit besonderem Nachdruck vertont, dies vor allem durch ausladende Melismen über jedem der vier Wörter. Im Alleluia mit Vers *Disposui testamentum* findet einmal mehr die bekannte Typusmelodie im II. Modus Verwendung. Bei aller Formelhaftigkeit des Melodieverlaufs ist dem Schlüsselbegriff „testamentum“ ([Ich stellte] einen Bund [auf]) und der inhaltlichen Bedeutung des Schlusssatzes „iuravi David servo meo“ (ich habe David, meinem Knecht, geschworen) in vorbildlicher Weise Rechnung getragen. Für das Offertorium *Inveni David* und die Communio *Signa eos* verweise ich auf die Kommentierung der Messgesänge an den Festen des hl. Apostels Matthäus bzw. der Bekehrung des hl. Apostels Paulus.

GESANGSTEXTE

Introitus *Sacerdotes eius* – Ps 131(132),16; V. Ps 131(132),1

Sacerdotes eius induant salutare, et sancti eius exsultatione exsultabunt.	Seine Priester sollen sich mit Heil bekleiden, und seine Heiligen sollen sich freuen und jubeln.
V. Memento Domine David: et omnis mansuetudinis eius.	V. Gedenke, Herr, des David und all seiner Sanftmut.

Graduale *Sacerdotes eius* – Ps 131(132),16; V. Ps 131(132),17

Sacerdotes eius induam salutari: et sancti eius exsultatione exsultabunt.	Seine Priester will ich mit Heil bekleiden, und seine Heiligen sollen sich freuen und jubeln.
V. Illuc producam cornu David: paravi lucernam Christo meo.	V. Dort will ich für David ein Horn anfertigen, ich bereitete eine Leuchte für meinen Gesalbten.

Alleluia / V. *Disposui testamentum* – Ps 88(89),4

Alleluia.	Alleluia.
V. Disposui testamentum electis meis: iuravi David servo meo.	V. Ich stellte einen Bund für meine Erwählten auf, ich habe David, meinem Knecht, geschworen.

5. Gedenktag des hl. Nikolaus von Myra am 6. Dezember

Obwohl es über das Leben und Wirken des hl. Nikolaus nur wenige historisch gesicherte Kenntnisse gibt, ist er bis zum heutigen Tag einer der populärsten Heiligen, und dies sowohl im Osten als auch im Westen. Dies hat vor allem mit vielen Legenden zu tun, die sich um seine Gestalt ranken. Nikolaus wurde wohl zwischen 280 und 286 in Patara in der heutigen Türkei geboren. Schon in jungen Jahren wurde er Bischof von Myra, ebenfalls in der heutigen Türkei. Im Zuge der dort wütenden Christenverfolgungen geriet auch Nikolaus in Gefangenschaft und wurde schwer misshandelt. 325 nahm er am Ersten Ökumenischen Konzil der Christenheit in Nicäa teil, wo er gegen die Irrlehre des Arianismus, der die Gottheit Christi leugnete, als Verteidiger der Zwei-Naturen-Lehre auftrat, die dann durch das Konzil dogmatisch festgeschrieben wurde. Als sein Todesdatum wird der 6. Dezember zwischen den Jahren 345 und 351 angenommen. Seine Gebeine sollen im Jahr 1087 von italienischen Seefahrern aus Myra geraubt und in die süditalienische Hafenstadt Bari gebracht worden sein. Neueren archäologischen Forschungen zufolge seien sie jedoch in einer Krypta unterhalb der heutigen Nikolaus-Basilika von Myra wiederentdeckt worden.

Die kultische Verehrung des hl. Nikolaus breitete sich zunächst über Griechenland in die osteuropäischen Länder bis nach Russland aus, wo ihn die Christen auch heute noch als Patron ihres Landes anrufen. Zahlreiche Legendenbildungen haben der Verehrung des hl. Nikolaus auch im Westen großen Auftrieb gegeben. So soll die Beschenkung der Kinder am Nikolaustag u. a. auf eine Legende zurückgehen, nach der der Bischof von Myra eine mittellose Familie mit drei Beutel Gold unterstützte und sie so davor bewahrte, dass ihre drei Töchter sich prostituieren mussten. Eine andere Legende erzählt von Seeleuten, die auf hoher See wegen eines starken Sturmes in lebensbedrohliche Seenot gerieten. Was immer sie unternahmen, das Schiff schien rettungslos verloren. Da riefen sie Sankt Nikolaus um Hilfe an, und siehe da, der Sturm legte sich. So wurde Nikolaus zum Patron der Seeleute. Diese Legende vermag auch zu erklären, warum sich in Nordeuropa, so auch im Norden Deutschlands, in fast jeder Stadt in Küstennähe eine Nikolaus- bzw. Nikolaikirche befindet.

Die Angaben der mittelalterlichen Handschriften und der aktuellen Choralbücher zum Gedenktag des hl. Nikolaus stimmen nicht überein. Die in den aktuellen Ausgaben vorgeschlagenen Gesänge sind allesamt schon andernorts vergeben. So folge ich den in der Handschrift St. Gallen 339 (Ende 10. Jh.) verzeichneten Gesängen. Aber auch von diesen Gesängen sind drei anderweitig verplant: der Introitus *Statuit ei Dominus* und das Graduale *Ecce sacerdos magnus* für den Gedenktag des hl. Martin, das Offertorium *Inveni David* für das Fest des hl. Apostels Matthäus. So verbleiben für eine kurze Kommentierung noch zwei der Gesänge, das Alleluia und die Communio. Der Komponist des Alleluia mit Vers *Memento Domine David* hat der Bitte des Psalmisten an Gott, seines Dieners David und dessen Sanftmut zu gedenken, mit vielen melismatischen Ausschmückungen Ausdruck verliehen. Der Melodieverlauf der Communio *Posuisti Domine* erscheint auf den ersten Blick sehr einfach. Doch genau besehen wird man besonders plastische Konturen entdecken, im Höhenbereich bei „in capite eius coronam“ (auf sein Haupt eine Krone), in der Tiefe bei „de lapide pretioso“ (aus kostbarem Edelstein), die diesem Gesang einen geradezu festlichen Charakter verleihen.

GESANGSTEXTE

Alleluia / V. *Memento Domine David* – Ps 131(132),1

Alleluia.	Alleluia.
V. Memento Domine David, et omnis mansuetudinis eius.	V. Gedenke, Herr, des David und all seiner Sanftmut.

Communio *Posuisti Domine* – Ps 20(21),4; V. Ps 20(21),2

Posuisti Domine in capite eius coronam de lapide pretioso.	Du hast, o Herr, auf sein Haupt eine Krone aus kostbarem Edelstein gesetzt.

V. Domine, in virtute tua laetabitur rex: et super salutare tuum exsultabit vehementer.	V. Herr, über deine Macht freut sich der König, und über dein Heil frohlockt er gar sehr.

6. Gedenktag des hl. Georg am 23. April

Die Gestalt des hl. Georg ist von vielen Legenden umrankt, die keine gesicherten Kenntnisse über sein Leben und Wirken sowie über seinen Tod übermitteln. Eine ununterbrochene Verehrung seit dem 4. Jahrhundert spricht jedoch dafür, dass an seiner historischen Existenz nicht gezweifelt werden kann. Apokryphen Quellen zufolge wurde Georg um 280 in eine griechische Familie christlichen Glaubens in Kappadokien in der heutigen Türkei geboren. Schon sein Vater war römischer Soldat, und auch Georg trat im Alter von 15 Jahren in die römische Armee ein, wo ihn Kaiser Diokletian sogar zum Führer seiner Privatgarde ernannt haben soll. Doch in der Christenverfolgung unter Kaiser Diokletian erlitt Georg das Schicksal so vieler Menschen, die um ihres Bekenntnisses zu Jesus Christus willen ermordet wurden. So soll er am 23. April des Jahres 303 im Alter von 22 Jahren in Lydda, dem heutigen Lod in Israel, oder – nach anderen Quellen – in Nikomedien im heutigen Izmit in der Türkei enthauptet worden sein. Die wohl bekannteste und in mehreren Variationen existierende Legende über das Leben des hl. Georg ist die Legende vom Kampf des Ritters Georg mit einem Drachen, der seinen tödlichen Gifthauch auf eine ganze Stadt in Libyen versprühte und dem Söhne und Töchter der Stadt geopfert werden mussten. Der Ritter Georg versprach, den Drachen zu töten, wenn die Menschen der abtrünnigen Stadt sich erneut zu Christus bekehrten. Georg tötete den Drachen, und die Leute in der Stadt kehrten zum christlichen Glauben zurück.

Es gibt wenige Heilige, die sich einer solch globalen Verehrung erfreuen, wie der hl. Georg. Dies trifft gleichermaßen auf das christliche Abendland und die Kirchen des Ostens zu. Und sogar unter den Muslimen der Türkei genießt Georg eine gewisse Verehrung. Länder und Landesteile sowie mehrere Orte sind nach ihm benannt, so das Land Georgien, der Bundesstaat Georgia in den USA, die Stadt und das Kloster St. Georgen im Schwarzwald sowie die Stadtteile St. Georgen in Frankfurt am Main und St. Georg in Hamburg. Ebenso sind viele Kirchen ihm geweiht, so u. a. der Dom von Limburg an der Lahn, der Ostchor des Bamberger Domes und die Georgskirche in Oberzell auf der Insel Reichenau, wo sogar ein Schädelstück Georgs aufbewahrt sein soll. Eine besondere Verehrung wird dem hl. Georg in England entgegengebracht, wo er als Hauptpatron eines ganzen Landes gilt. Darüber hinaus ist Georg der Patron u. a. von Georgien, Ägypten, Tirol und Katalonien. Und u. a. wird er als Schutzheiliger der Soldaten, Reiter und Pfadkinder sowie der Pferde und des Viehs angerufen.

Wie so viele Heiligengedenktage fiel ursprünglich auch der Gedenktag des hl. Georg der nachkonziliaren Kalenderreform von 1969 zum Opfer. Dass daraufhin ein Sturm des Protestes aus einigen Ländern, Städten, Bistümern und Kirchengemeinden losgebrochen ist, kann man sich angesichts der hohen und ununterbrochenen Verehrung des hl. Georgs seit dem 4. Jahrhundert gut vorstellen. So wurde 1975 der (nicht gebotene) Gedenktag erneut in den gesamtkirchlichen Heiligenkalender aufgenommen.

Bemerkenswert ist allemal, dass der Gedenktag des hl. Georg in den mittelalterlichen gregorianischen Handschriften, angefangen von den frühen Textquellen bis zu den Neumenhandschriften des 10./11. Jhs., ziemlich gut bezeugt ist. Den dort übereinstimmend wiedergegebenen und sogar durchweg mit Neumennotationen versehenen Gesängen zum Gedenktag des hl. Georg ist – mit Ausnahme des Alleluia – auch die Auswahl der Messgesänge in den aktuellen Choralbüchern gefolgt. Im Melodieverlauf im VII. Modus des Introitus *Protexisti me Deus* mit Text aus Ps 63(64) hebt der Komponist an zwei Stellen unerwartet gerade die den Beter bedrängenden Übeltäter („a conventu malignantium" – vor der Schar der Übeltäter; „a multitudine operantium iniquitatem" – vor der Menge derer, die Unrecht verüben) hervor, dies allerdings in dem sicheren Bewusstsein, dass diese bösen Menschen dem Beter nichts anhaben können, weil er sich im Schutz Gottes behütet weiß („Protexisti me Deus" – Du hast mich beschützt, o Gott). Da die beiden in der Handschrift St. Gallen 376 angegebenen Alleluia mit ihren Versen bereits für andere Gedenktage vergeben sind, folge ich hier dem Vorschlag der aktuellen Ausgaben. Das dort als eine von zwei Möglichkeiten angegebene Alleluia mit Vers *Posuisti, Domine* mit Text aus Ps 20(21) weist einen Melodieverlauf auf, in dem sinnträchtige Worte wie „Domine" (o Herr!), „coronam" (eine Krone) und „pretioso" (von wertvollem [Edelstein]) durch melismatische Ausschmückungen und markante rhythmische Profile deutlich hervortreten. Ein Kommentar zum Offertorium *Confitebuntur caeli* findet sich bereits beim Fest der hll. Apostel Philippus und Jakobus des Jüngeren. Im Text der Communio *Laetabitur iustus* ist von der Freude die Rede, die der Gerechte und alle Menschen redlichen Herzens über Gott, ihren Herrn, empfinden. Von dieser Freude ließ sich offensichtlich auch der gregorianische Komponist anstecken. In der Tat hat er den Grund dieser Freude, nämlich die Hoffnung und das Vertrauen auf Gott, bei „sperabit in eo" (er hofft auf ihn) mit einem ersten herausragenden Höhepunkt ausgestattet und im vorletzten „alleluia" gegen Ende des Stückes mit einem noch einmal gesteigerten melodischen Überschwang auf das nachdrücklichste unterstrichen.

GESANGTEXTE

Introitus *Protexisti me Deus* – Ps 63(64),3; V. Ps 63(64),2

Protexisti me Deus a conventu malignantium, alleluia: a multitudine operantium iniquitatem, alleluia, alleluia.	Du hast mich beschützt, o Gott, vor der Schar der Übeltäter, alleluia, und vor der Menge derer, die Unrecht tun, alleluia, alleluia.
V. Exaudi Deus orationem meam cum deprecor: a timore inimici eripe animam meam.	V. Erhöre, o Gott, mein Gebet, wenn ich (zu dir) flehe, von der Furcht vor dem Feind entreiße meine Seele.

Alleluia / V. *Posuisti, Domine* – Ps 20(21),4

Alleluia.	Alleluia.
V. Posuisti, Domine, super caput eius coronam de lapide pretioso.	V. Du hast, o Herr, auf sein Haupt eine Krone von wertvollem Edelstein gesetzt.

Communio *Laetabitur iustus* – Ps 63(64),11; V. Ps 33(34),2

Laetabitur iustus in Domino, et sperabit in eo: et laudabuntur omnes recti corde, alleluia, alleluia.	Der Gerechte wird sich des Herrn erfreuen, denn er hofft auf ihn. Und rühmen sollen sich alle, die redlichen Herzens sind, alleluia, alleluia.
V. Benedicam Dominum in omni tempore: semper laus eius in ore meo.	V. Ich will den Herrn preisen zu jeder Zeit, immer sei sein Lob in meinem Mund.

7. Gedenktag des hl. Vinzenz von Valencia am 22. Januar

Vinzenz, Sohn einer Konsulsfamilie, stammte aus Osca, dem heutigen Huesca in Spanien. Von Bischof Valerius von Valencia wurde er zum Diakon geweiht, der u. a. durch wortgewandte Predigten auffiel. Beide, der Bischof und sein Diakon, wurden in den Christenverfolgungen unter Kaiser Diokletian verhaftet. Der Bischof wurde in die Verbannung geschickt, Vinzenz hingegen grausam gemartert. Der Legende nach starb er um das Jahr 304 in Valencia, nachdem man ihn auf einen glühenden Rost gelegt hatte. Sein Leichnam soll den Tieren zum Fraß vorgeworfen worden sein, aber Engel und zwei Raben sollen ihn bewacht und verteidigt haben. Dann wurde er der Legende nach, mit einem Mühlstein beschwert, ins Meer geworfen, aber von den Wellen wieder an Land gespült, wo ihn eine fromme Witwe fand, die ihn schließlich bestattete. Die Verehrung des hl. Vinzenz setzte bereits sehr früh ein. Schon im 4./5. Jh. wird er u. a. von Augustinus von Hippo und Papst Leo I. erwähnt. Seine Gebeine wurden im Laufe der Jahrhunderte auf verschiedene Städte und Orte in Europa aufgeteilt. Teile davon finden sich in Valencia, Rom, Lissabon, Paris, Le Mans und Eger/Cheb. In besonderer Weise wird der hl. Vinzenz in seinem Herkunftsland Spanien verehrt, darüber hinaus in Portugal, Frankreich, Tschechien, aber auch im Elsass, in Süddeutschland und Österreich. Er ist der Patron von Lissabon und Eger/Cheb sowie u. a. der Schutzheilige der Winzer und Holzfäller.

Die Messgesänge zum Gedenktag des hl. Vinzenz sind in den mittelalterlichen Choralhandschriften, angefangen von den frühen Textquellen, sehr gut bezeugt, und dies in vollkommener Übereinstimmung untereinander. Drei der Gesänge sind in diesem Buch anderen Heiligenfesten zugeteilt: der Introitus *Laetabitur iustus* dem Gedenktag des hl. Christophorus, das Alleluia mit Vers *Beatus vir, qui timet* dem Fest des hl. Evangelisten Lukas und das Offertorium *Gloria et honore* dem Fest des hl. Apostels Jakobus des Älteren. Für eine kurze Vorstellung und Besprechung verbleiben somit das Graduale und die Communio. Das Graduale *Posuisti, Domine* mit Text aus Ps 20(21) ist ein in beiden Teilen und von Anfang bis zum Schluss mit vielen, teilweise sehr ausgeprägten Melismen geschmücktes Gesangsstück, in dem vor allem im Chorstück einmal mehr die Passagen „super caput eius" (über sein Haupt) und unmittelbar anschließend „coronam de lapide pretioso" (eine Krone aus kostbarem Edelstein) herausragend vertont sind. Der Text der Communio *Qui vult venire* ist Mt 16,24 entnommen. Die in ihm enthaltene Aufforderung Jesu an seine Jünger zur Nachfolge und Selbstverleugnung ist für den gregorianischen Komponisten Grund genug, jedes dieser heiligen Worte mit einem je eigenen, rhythmisch markanten und melodisch sehr bewegten Profil auszustatten.

GESANGSTEXTE

Graduale *Posuisti, Domine* – Ps 20(21),4; V. Ps 20(21),3

Posuisti, Domine, super caput eius coronam de lapide pretioso.	Du hast, o Herr, auf sein Haupt eine Krone aus kostbarem Edelstein gesetzt.

V. Desiderium animae eius tribuisti ei, et voluntate labiorum eius non fraudasti eum.	V. Die Sehnsucht seiner Seele hast du ihm gegeben, und was seine Lippen wollten, hast du ihm nicht versagt.

Communio *Qui vult venire* – Mt 16,24; V. Ps 33(34),4

Qui vult venire post me, abneget semetipsum: et tollat crucem suam, et sequatur me.	Wer mir nachfolgen will, verleugne sich selbst, und er nehme sein Kreuz auf sich und folge mir.
V. Magnificate Dominum mecum: et exaltemus nomen eius in idipsum.	V. Preiset mit mir den Herrn, und lasst uns alle zusammen seinen Namen erheben.

8. Gedenktag des hl. Christophorus am 24. Juli

Die Existenz des hl. Christophorus ist historisch nicht gesichert, und zu allen Zeiten wurde sie von namhaften Theologen geleugnet. So ist man nicht überrascht, dass auch sein Gedenktag im nachkonziliaren Allgemeinen Römischen Heiligenkalender nicht mehr vertreten ist. Dennoch ist Christophorus bis heute einer der populärsten Heiligen. Diese Popularität verdankt er vor allem jener Legende, der zufolge der Riese Christophorus, mit ursprünglichem Namen Reprobus, auf der Suche nach dem mächtigsten aller Könige war. Nur diesem wollte er dienen. Als er sah, dass jener König, den er für den mächtigsten hielt, sich bei der Nennung des Teufels bekreuzigte, begriff er, dass es einen noch mächtigeren König geben muss: den Teufel, sodass er sich diesem anschloss. Als beide auf dem Weg an einem Kreuz mit der Christus-Figur darauf vorbeikamen, der Teufel aber erschrocken einen Bogen um das Kreuz machte, da stand für Reprobus fest, dass nicht der Teufel, sondern Christus der mächtigste aller Könige sein müsse. Daraufhin machte er sich auf die Suche nach ihm. Nach vielen vergeblichen Versuchen, Christus zu finden, übernahm er schließlich die Aufgabe, Menschen auf seinem breiten und starken Rücken über einen gefährlichen Fluss zu tragen. Eines Nachts hörte Reprobus die Stimme eines Kindes, das den Fluss überqueren wollte. Reprobus versuchte, das Kind auf seinem Rücken, durch den Fluss hindurch an das andere Ufer zu gelangen. Doch die Last auf seinem Rücken wurde immer schwerer, sodass er fürchtete, unterzugehen und zu ertrinken. Als er endlich das andere Ufer erreichte, sagte ihm das Kind, dass er Christus und mit ihm die Last der ganzen Welt auf seinen Schultern getragen habe, und dass er von nun an Christophorus, Christusträger, heißen solle. So wurde Christophorus, der auch zu den Vierzehn Nothelfern zählt, zum Schutzpatron u. a. der Reisenden, der Piloten und Schiffskapitäne sowie gegen die Pest und einen plötzlichen Tod. Innerhalb Deutschlands ist er auch Patron einiger Städte wie Hildesheim, Braunschweig, Würzburg und Stuttgart. Kirchlicher Überlieferung zufolge soll Christophorus um die Mitte des 3. Jhs. den Märtyrertod erlitten haben.

Das Messproprium zum Gedenktag des hl. Christophorus ist in den St. Gallener Handschriften des 10./11. Jhs. gut bezeugt, allerdings mit vier Gesängen, die in diesem Buch anderswo vorgestellt und kommentiert werden bzw. wurden: Graduale *Iustus non conturbabitur* beim Gedenktag des hl. Sebastian, Alleluia mit Vers *Iustus germinabit* beim Gedenktag des hl. Hieronymus, Offertorium *Desiderium animae eius* beim Fest des hl. Ordensvaters Benedikt von Nursia und Communio *Posuisti Domine* beim Gedenktag des hl. Nikolaus. Der einzig für eine kurze Besprechung verbliebene Gesang, der Introitus *Laetabitur iustus,* weist über fast jedem Wort unisonische Pulsationen bald leichteren bald schwereren Gewichtes auf, die dem Text geschuldet sind und von den Ausführenden ein hohes Maß an künstlerischer Sensibilität und Ausdruckskraft verlangen.

GESANGSTEXT

Introitus *Laetabitur iustus* – Ps 63(64),11; V. Ps 63(64),2

Laetabitur iustus in Domino, et sperabit in eo:	Der Gerechte wird sich des Herrn erfreuen, denn er hofft auf ihn.

et laudabuntur omnes
recti corde.

Und rühmen sollen sich alle,
die redlichen Herzens sind.

V. Exaudi Deus orationem meam cum deprecor: a timore inimici eripe animam meam.

V. Erhöre, Gott, mein Gebet, wenn ich zu dir rufe, von der Furcht vor dem Feind befreie meine Seele.

9. Gedenktag des hl. Athanasius des Großen am 2. Mai

Athanasius wurde um 300 in Alexandria in Ägypten als Sohn einer christlichen Familie geboren. Bereits in jungen Jahren zum Diakon geweiht, begleitete er den Patriarchen Alexander von Alexandria zum Ersten Ökumenischen Konzil von Nicäa im Jahr 325. Dort erlebte er die Auseinandersetzungen mit dem Arianismus, der die Gottheit Christi leugnete und der dann auf dem Konzil als Irrlehre verurteilt wurde. Von da an war der Kampf gegen den Arianismus das bestimmende Moment im Leben des Athanasius. Auch als er im Jahr 328 zum Patriarchen von Alexandria erwählt wurde, nahmen seine Auseinandersetzungen mit dem Arianismus kein Ende. Dabei hatte er viele Anfechtungen von Seiten seiner Gegner zu erleiden. Mehrmals wurde er von ihnen abgesetzt, verbannt und musste vor ihnen fliehen. Ja, es wurde ihm sogar der Mord an einem seiner Gegner angedichtet. Unter Kaiser Konstantin, der die Aufhebung des Urteils des Konzils von Nicäa gegen Arius forderte, wurde Athanasius auf einer vom Kaiser eigens einberufenen Synode sogar selbst angeklagt und sollte verurteilt und abgesetzt werden. Obwohl seine Gegner damit keinen Erfolg hatten, war er ständig auf der Flucht vor ihnen. Und immer wieder musste er Schutz bei den Mönchen in der Wüste von Ägypten suchen. Insgesamt war er 17 Jahre während seiner Amtszeit als Patriarch von Alexandria auf der Flucht. Erst von 366 bis 373, seinem Todesjahr, konnte er ohne größere Behinderungen den Pflichten seines Amtes nachkommen. Aber selbst dann noch war er manchen Anfeindungen von Vertretern der „rechtgläubigen“ Kirche von Alexandria ausgesetzt, denen er zu streng, zu hart und unduldsam erschien.

Nicht zuletzt durch seine vielen Schriften, Briefe und exegetischen Werke hat Athanasius die christliche Theologie und Spiritualität der folgenden Jahrhunderte maßgeblich beeinflusst, so besonders durch seine Schriften gegen den Arianismus und „Über die Dekrete der Synode von Nicäa". Von besonderer Bedeutung ist auch die von ihm verfasste Biographie über den Mönchsvater Antonius, die wesentlich zur weiteren Entwicklung des frühen Mönchtums beigetragen hat. Nicht unerwähnt sei auch sein Brief an Marcellinus über die Psalmen, in dem er u. a. die Bedeutung und den Stellenwert des Psalters für das gesamte biblische Schrifttum mit folgenden Worten umreißt: „Wie ein Garten trägt er (der Psalter) in sich die Früchte auch aller übrigen Bücher der Heiligen Schrift und macht sie zu Liedern" (mitgeteilt bei Christiana REEMTS, *Schriftauslegung. Die Psalmen*, in: Neuer Stuttgarter Kommentar Altes Testament. Bd. 33/6, Stuttgart 2000, S. 17). Für Kirchenmusiker/innen, die sich in Theorie und/oder Praxis mit dem Gregorianischem Choral befassen, in dessen Messgesängen größtenteils Psalmtexte vertont sind, könnte ein solches Zitat von erhellender und wegweisender Bedeutung sein. Alles in allem haben Leben und Werk des hl. Athanasius schon sehr bald dazu geführt, dass ihm die Ehrentitel „Kirchenvater" wie auch „der Große" verliehen wurden.

Zwei der im Graduale Romanum von 1908 wie auch in den aktuellen Choralbüchern vorgesehenen Messgesänge zum Gedenktag des hl. Athanasius wurden bereits andernorts vorgestellt und kommentiert: der Introitus *In medio Ecclesiae* beim Fest des hl. Apostels und Evangelisten Johannes und das Offertorium *Inveni David* beim Fest des hl. Apostels und Evangelisten Matthäus. Im Alleluia mit Vers *Beatus vir, qui suffert* ist ein Text aus Jak 1,12 vertont. Wichtige Passagen des Textes wie vor allem gleich zu Beginn des Verses „Beatus vir, qui suffert temptationem" (Selig der Mann, der Versuchung erleidet) hat der gregorianische Komponist mit einem ausdrucksstarken und rhythmisch subtil differenzierten Profil ausgestattet. Am Schluss des Verses kehrt die gesamte Melodie des Alleluia wieder, dies an beiden Orten mit einem ausgedehnten und rhythmisch ausdrucksvoll gestalteten Melisma. In der Communio *Quod dico vobis* ist bei aller Schlichtheit der überwiegend syllabisch gestalteten Melodieführung dem Text aus Mt 10,27 in allen Belangen Genüge getan. Die Gegensatzpaare „in tenebris" – „in lumine" (im Dunkeln – im Licht) und „in aure auditis" – „praedicate super tecta" ([was] ihr mit dem Ohr [leise] vernehmt – verkündet es über den Dächern) sind in der Vertonung feinfühlig ausgearbeitet.

GESANGSTEXTE

Alleluia / V. *Beatus vir, qui suffert* – Jak 1,12

Alleluia.	Alleluia.
V. Beatus vir, qui suffert temptationem: quoniam cum probatus fuerit, accipiet coronam vitae.	V. Selig der Mann, der die Versuchung aushält, denn wenn er sich darin bewährt hat, wird er die Krone des Lebens empfangen.

Communio *Quod dico vobis* – Mt 10,27; V. Ps 33(34),3

Quod dico vobis in tenebris, dicite in lumine, dicit Dominus: et quod in aure auditis, praedicate super tecta.	Was ich euch im Dunkeln sage, davon redet im hellen Licht, spricht der Herr; und was ihr mit dem Ohr (leise) vernehmt, verkündet es über den Dächern.
V. In Domino gloriabitur anima mea: audiant mansueti et laetentur.	V. Im Herrn rühmt sich meine Seele, die Sanftmütigen sollen es hören und sich freuen.

10. Gedenktag des hl. Martin von Tours am 11. November

Gedanken zur Abbildung

Ein Bild stärkster Gegensätze zeigt sich im oberen Teil dieser zweiteiligen Initiale. Als erstes fällt der Blick auf den strahlenden Reiter auf einem Pferd, der nach links auf den Bildrand zureitet. Hoch zu Ross

Miniatur zum Fest des hl. Martin aus dem Graduale von St. Katharinental, fol. 196v, um 1312, Zürich, Schweizerisches Nationalmuseum.

kommt er daher – ein Bild für jemanden, der sich über andere erhebt, der meint, etwas Besseres zu sein, denn ein Pferd konnte sich früher kaum jemand leisten. Und als Reittier, nicht einmal für die Feldarbeit geeignet, war es luxuriös. Dieses Pferd, vorn und hinten an den großen Hufen beschlagen, kräftig gebaut und prachtvoll gesattelt für den militärischen Einsatz, ist weiß. Weiß ist die Farbe von Reinheit und Licht ... da kommt mir der edle Ritter auf dem weißen Pferd in den Sinn, einer, der Dir hilft in der Not.

Diese Initiale zeigt den Moment im Leben des heiligen Martin, der seinen Weg entscheidend verändert: Während sein Pferd zum linken Bildrand hin vorangaloppiert, wendet er sich in seinem hohen Sattel nach hinten um. Was hat er entdeckt? Es ist ein Bettler, der am rechten Bildrand kniet, barfuß, fast nackt, mit groben Gesichtszügen, seine Haut verschmutzt, verletzt und mit Anzeichen von Krankheiten bedeckt. Diese Not lässt den heiligen Martin sich umwenden, um seinem Herzen zu folgen, sodass er sein Schwert nicht mehr als tödliche Waffe im Krieg trägt, sondern als Werkzeug nimmt, um seinen wärmenden Mantel buchstäblich zu teilen – mit dem Bedürftigen, um seine Not zu lindern.

Diesen heiligen Moment spiegelt der Goldhintergrund des Bildes wider. Von der Heiligkeit dieses Momentes scheint auch die blau gekleidete weibliche Gestalt tief ergriffen, die im unteren Teil der Initiale inmitten einer Fülle bunter Blüten kniend die Hände zum Gebet zusammenlegt.

Birte Göschl

Martinus, geboren um 316 in Pannonien im heutigen Ungarn als Sohn eines römischen Militärtribuns, verbrachte seine Jugend in Pavia in Oberitalien. Auf Wunsch seines Vaters trat er um die Jahre 331/332 im Alter von 15 Jahren in eine in Gallien eingesetzte Reiterabteilung des römischen Militärs ein. Wenige Jahre später soll sich jene Begegnung mit dem nackten, frierenden Bettler zugetragen haben, die den hl. Martin zu einem der bekanntesten und populärsten Heiligen des christlichen Abendlandes bis in die Gegenwart gemacht hat: Für den um Hilfe flehenden Bettler zerschnitt er seinen Mantel und überreichte einen der beiden Teile dem Bettler. Dies soll ein wichtiger Wendepunkt in Martins Leben gewesen sein. Bald trat er aus dem Militärdienst aus, ließ sich taufen und wurde schließlich Priester, Mönch und Eremit. Er gründete die ersten Klöster des Abendlandes Ligugé und Marmoutier in Frankreich und wurde so vor Benedikt von Nursia zum Vorläufer abendländischen Mönchtums. Vom Volk hoch verehrt, wurde er schließlich im Jahre 372 gegen seinen Willen zum Bischof von Tours erkoren. Dort starb er am 8. November 397, und dort wurde er am 11. November 397 zu Grabe getragen. Sein Grab in der nach seinem Tod errichteten Martinsbasilika von Tours wurde bald zu einer vielbesuchten Pilgerstätte.

Bis zum heutigen Tag gilt Martin als der Heilige der christlichen Nächstenliebe par excellence, und bis heute ist sein Fest am 11. November von vielen populären Bräuchen, wie z. B. dem Martinsumzug mit Laternen, umrankt. Auch in Deutschland wird dem hl. Martin bis zur Gegenwart hohe Verehrung entgegengebracht, wie nicht zuletzt die Tatsache beweist, dass der für die Gesamtkirche vorgeschriebene Gedenktag am 11. November mancherorts im Rang eines Festes und in den Bistümern Rottenburg-Stuttgart und Mainz sogar im Rang eines Hochfestes gefeiert wird.

Die Messgesänge zum Fest des hl. Martin sind mit Ausnahme des Alleluia mit Vers bereits in den ältesten gregorianischen Handschriften bezeugt. Der Introitus *Statuit ei Dominus*, dessen Text Anleihen aus dem Buch Jesus Sirach 45,24 enthält, besingt mit einer Melodieführung in extremer Höhenlage des I. Modus die priesterliche Würde („sacerdotii dignitas") des von Gott eingesetzten Fürsten. Das Graduale *Ecce sacerdos magnus*, dessen Melodieverlauf an das Graduale *Christus factus est* der Karwoche und an das Graduale *Exiit sermo* vom Fest des hl. Apostels und Evangelisten Johannes erinnert, hebt im Chorteil vor allem den Gedanken hervor, dass Gott an dem von ihm eingesetzten Hohenpriester Gefallen gefunden hat

(„placuit Deo"), und im Solovers wird der Grund genannt für dieses Wohlgefallen Gottes: die Einhaltung und Bewahrung des Gesetzes Gottes („qui conservaret legem Excelsi"), dies mit weitläufigen Melismen, die mehrmals bis in die Spitzenlagen des V. Modus vordringen. Das Alleluia mit Vers *Beatus vir sanctus Martinus* ist erst in einigen späteren Handschriften ab dem 11. Jh. bezeugt. Hier werden sowohl Martinus als auch seine Bischofsstadt Tours mit Namen genannt. Eine Melodieführung, die mehrmals in fast stufenweiser Auf- und Abwärtsbewegung über eine ganze Oktave verläuft, verweist auf die relativ späte Entstehungszeit dieses Gesangs. Im Offertorium *Veritas mea* mit Text aus Psalm 88(89),25 sind es vor allem die Treue und Barmherzigkeit Gottes („Veritas mea et misericordia mea"), die Gott dem von ihm Erwählten zukommen lässt und die im Melodieverlauf eine klare Hervorhebung erfahren. Schließlich wird in der Communio *Beatus servus* mit Text aus Matthäus 24,46 f. der Mensch selig gepriesen, den der Herr bei seiner Ankunft wachend vorfindet („quem, cum venerit Dominus, invenerit vigilantem"). Diese Textpassage enthält denn auch den melodischen Höhepunkt des ganzen Stückes. Wenn auch die Fortsetzung des Textes eher an eine Belohnung in irdischen Angelegenheiten denken lässt, ist nicht auszuschließen, dass der gregorianische Komponist dieses Gesangs mehr dem wachsamen Warten auf die Ankunft des Herrn im eschatologischen Sinn Raum geben wollte.

GESANGSTEXTE

Introitus *Statuit ei Dominus* – Sir 45,30; V. Ps 88(89),2

Statuit ei Dominus testamentum pacis, et principem fecit eum: ut sit illi sacerdotii dignitas in aeternum.	Der Herr hat für ihn einen Bund des Friedens eingesetzt und er machte ihn zum Fürsten, damit er über die Würde des Priestertums verfüge für immer.
V. Misericordias Domini in aeternum cantabo.	V. Von der Barmherzigkeit des Herrn will ich in Ewigkeit singen.

Graduale *Ecce sacerdos magnus* – vgl. Sir 50,1; 44,16; V. Sir 44,20

Ecce sacerdos magnus, qui in diebus suis placuit Deo.	Seht, dies ist der Hohepriester, der in seinen Tagen Gott gefiel.
V. Non est inventus similis illi, qui conservaret legem Excelsi.	V. Keiner fand sich, ihm gleich, um das Gesetz des Höchsten zu bewahren.

Alleluia / V. *Beatus vir sanctus Martinus*

Alleluia.	Alleluia.
V. Beatus vir sanctus Martinus, urbis Turoniae, requievit: quem laudaverunt Angeli atque Archangeli, Throni, Dominationes et Virtutes.	V. Der selige Mann, der heilige Mann Martinus der Stadt Tours, ist entschlafen. Ihn loben die Engel und Erzengel, die Throne, Mächte und Gewalten.

Offertorium *Veritas mea* – Ps 88(89),25

Veritas mea et misericordia mea cum ipso: et in nomine meo exaltabitur cornu eius.	Meine Treue und meine Barmherzigkeit sind mit ihm, und in meinem Namen wird sich sein Horn erheben.

Communio *Beatus servus* – Mt 24,46.47; V. Ps 33(34),2

Beatus servus, quem, cum venerit Dominus, invenerit vigilantem: amen dico vobis, super omnia bona sua constituet eum.	Selig der Knecht, den der Herr, wenn er kommt, wachend vorfindet. Amen, ich sage euch, über all seine Güter wird er ihn setzen.
V. Benedicam Domino in omni tempore: semper laus eius in ore meo.	V. Ich will den Herrn preisen zu aller Zeit, immer sei sein Lob in meinem Mund.

11. Gedenktag des hl. Papstes Leo des Großen am 10. November

Der hl. Leo I. der Große gilt als der bedeutendste Papst des 5. Jahrhunderts. Außer Papst Gregor I. wurde nur noch ihm unter allen Päpsten der Ehrentitel „der Große" verliehen. Geboren um 400 in der Toskana, wurde ihm schon in jungen Jahren unter den Päpsten Coelestin I. und Sixtus III. in Rom das Amt eines Diakons übertragen. Und nach dem Tod des Papstes Sixtus III. wurde er selbst am 10. November des Jahres 440 zum Papst gewählt. Sein Pontifikat war geprägt durch viele Unruhen und Umwälzungen, die das 5. Jahrhundert mit sich brachte. Auf politischer Bühne war es die Zeit der Völkerwanderung. 452 wurde Rom von einem Heer der Hunnen unter Attila bedroht. Papst Leo trat Attila entgegen und konnte von ihm erreichen, von einer Besetzung und Plünderung Roms abzulassen. Drei Jahre später konnte Leo die Belagerung Roms durch die Vandalen unter ihrem Führer Geiserich zwar nicht verhindern, dennoch gelang es ihm durch sein Verhandlungsgeschick, dass Rom nicht zerstört und seine Bewohner nicht ermordet wurden. So ist Papst Leo I. als Retter Roms in die Geschichte eingegangen.

Nicht weniger unruhig war die Zeit seines Pontifikats im kirchlichen Bereich. Hier hatte Papst Leo alle Mühe, seinen Primatsanspruch gegenüber anderen Bischöfen, vor allem gegenüber dem Patriarchen von Konstantinopel, zu verteidigen. Doch konnte er sich schließlich durchsetzen mit dem Hinweis, dass ihm, dem Erben und Nachfolger des Apostels Petrus als Bischof von Rom, diese natürliche Autorität zustehe. In theologisch-dogmatischer Hinsicht war die Zeit seines Pontifikats geprägt durch mehrere christologische Streitigkeiten. Auf dem Konzil von Chalcedon im Jahr 451 ist es seinem maßgeblichen Einfluss zu verdanken, dass u. a. die Irrlehre des Monophysitismus, derzufolge Christus nach seiner Menschwerdung nur *eine*, göttliche Natur innewohne, zugunsten der Zwei-Naturen-Lehre der römischen Kirche in einer dogmatischen Erklärung zurückgewiesen wurde. Als

Bischof von Rom machte sich Leo einen Namen als redegewandter Prediger. Ihm werden 97 Predigten zum Kirchenjahr zugeschrieben. In 143 Briefen und einem großen Lehrschreiben, dem sog. „Tomus", behandelte er wichtige dogmatische Themen seiner Zeit. Das ihm ebenfalls zugeschriebene „Sacramentarium Leonianum" ist aber mit einiger Sicherheit nicht von ihm, sondern erst Mitte des 6. Jhs. entstanden. Als Leo I. am 10. November des Jahres 461 in Rom starb, wurde er als erster Papst in der damaligen Peterskirche beigesetzt. 1754 wurde er zum Kirchenlehrer ernannt. In der Ikonographie wird Leo der Große oft mit einem Drachen als Symbol für die ihm zugeschriebene Rettung Roms vor Attila dargestellt. Er wird als Patron der Sänger, Musiker und Organisten verehrt.
Was das Messproprium zum Gedenktag des hl. Papstes Leo des Großen betrifft, sehe ich mich der Schwierigkeit gegenüber, dass sämtliche fünf in den aktuellen Choralausgaben vorgesehenen Gesänge schon andernorts vorgestellt und kommentiert wurden: Introitus *In medio Ecclesiae* beim Fest des hl. Apostels und Evangelisten Johannes, Graduale *Os iusti* und Alleluia mit Vers *Iustus germinabit* beim Gedenktag des hl. Hieronymus, Offertorium *Inveni David* beim Fest des hl. Apostels Matthäus und Communio *Beatus servus* beim Gedenktag des hl. Martin. In den St. Gallener Neumenhandschriften des 10./11. Jhs. sind zu diesem Gedenktag völlig andere Gesänge verzeichnet, die aber mit Ausnahme des Graduale und Alleluia ebenfalls bereits vergeben sind: Introitus *Statuit ei Dominus* und Offertorium *Veritas mea* für den Gedenktag des hl. Martin und Communio *Domine, quinque talenta* für den Gedenktag des hl. Augustinus. Die folgenden Ausführungen beziehen sich auf die beiden Gesänge, die im Messproprium der St. Gallener Handschriften vorgesehen und bisher noch nicht kommentiert wurden: das Graduale und das Alleluia mit seinem Vers. Das Graduale *Gloria et honore* ist eine in manchen Handschriften ab dem 10./11. Jh. bezeugte Adaptation des Graduale *Probasti, Domine,* das dem Kernrepertoire des Gregorianischen Chorals angehört. Die Adaptation scheint gut gelungen. Inhaltlich

wichtige Passagen wie „honore coronasti eum“ (mit Ehre hast du ihn gekrönt) im Chorstück und „Et constituisti eum“ (Und du hast ihn [über die Werke deiner Hände] gesetzt) im Solovers werden durch melodische Höherführungen deutlich hervorgehoben. Das in vielen alten Handschriften bezeugte Alleluia mit Vers *Elegit te Dominus* ist in den aktuellen Choralbüchern nicht wiedergegeben, findet sich jedoch in der Edition von Alessandro DE LILLO, *Supplementum ad Graduale Romanum* (EOS Verlag St. Ottilien 2019). Das Alleluia selbst folgt der bekannten Typusmelodie im II. Modus. Im Solovers hat der Komponist einen eigenen Weg eingeschlagen, der ihm die Gelegenheit bot, das inhaltlich wichtige Wort „Dominus“ (der Herr) und die Passage „in sacerdotem magnum“ (zum Hohenpriester) mit markanten rhythmischen Profilen auszustatten.

GESANGSTEXTE

Graduale *Goria et honore* – Ps 8,6; V. Ps 8,7

Gloria et honore coronasti eum.	Mit Herrlichkeit und Ehre hast du ihn gekrönt.
V. Et constituisti eum super opera manuum tuarum.	V. Und du hast ihn über die Werke deiner Hände gesetzt.

Alleluia / V. *Elegit te Dominus* – vgl. Sach 3,1.2

Alleluia.	Alleluia.
V. Elegit te Dominus sibi in sacerdotem magnum in populo suo.	V. Der Herr erwählte dich für sich zum Hohenpriester inmitten seines Volkes.

12. Fest des hl. Ordensvaters Benedikt von Nursia am 11. Juli

Die wichtigsten Informationen über Leben und Wirken des hl. Benedikt von Nursia verdanken wir den „Dialogi de vita et miraculis patrum italicorum“ (Dialoge über Leben und Wunder der italischen Väter) des Papstes Gregor des Großen, der Benedikt zwar nicht persönlich gekannt hat, aber sich auf Personen berufen konnte, die ihn gekannt haben. Im folgenden seien die wichtigsten Stationen des Lebens dieses Heiligen, vor allem aber seine Bedeutung für das abendländische Mönchtum sowie die gesamte abendländische Christenheit über das ganze Mittelalter bis in die Neuzeit und Gegenwart hinein kurz beschrieben. Geboren um 480 in Nursia, dem heutigen Norcia in Umbrien, schickten ihn die Eltern zum Studium nach Rom. Dort fühlte er sich sehr bald vom ausschweifenden und sittenlosen Leben der Großstadt abgestoßen, sodass er sich entschloss, die Flucht zu ergreifen und zu asketischen Einsiedlern nach Enfide, dem heutigen Affile in der Region Latium, zu ziehen. Kurze Zeit später lebte er für drei Jahre als Eremit in einer Höhle in Subiaco, an dem Ort, wo später das Kloster „Sacro Speco" (die heilige Höhle) entstand. Dort erregte er die Aufmerksamkeit von Mönchen des nahegelegenen Klosters Vicovaro, die ihn schließlich zu ihrem Abt machten. Da er ihnen aber doch zu streng erschien, wollten sie ihn wieder loswerden und versuchten, ihn zu vergiften, was ihnen aber misslang. Benedikt verließ daraufhin Vicovaro und kehrte nach Subiaco zurück, wo er das Kloster San Clemente und in dessen Umkreis zwölf weitere Klöster gründete. Da es hier zu Konflikten mit dem Bischof von Tivoli gekommen sein soll, zog er schließlich in Begleitung einiger seiner Mönche weiter und ließ sich in Montecassino in der heutigen Provinz Frosinone zwischen Rom und Neapel nieder. Dort gründete er an der Stelle eines alten Apollotempels das Kloster, das zum Stamm- und Mutterkloster aller Benediktiner wurde.

Und dort, in Montecassino, schrieb er um 540 auch seine berühmte Regel, die „Regula Benedicti", deren Ziel es ist, das Leben in der klösterlichen Gemeinschaft zu ordnen und „unter Führung des Evangeliums ... eine Schule für den Dienst des Herrn" zu errichten, wie es im Prolog heißt. Dabei war er auch von Klosterregeln inspiriert, die schon vor seiner Zeit existierten, so jenen des Pachomius in Ägypten, des Basilius von Caesarea und des Johannes Cassian. Als wichtigste Quelle gilt jedoch – nach der Heiligen Schrift – die „Regula Magistri"

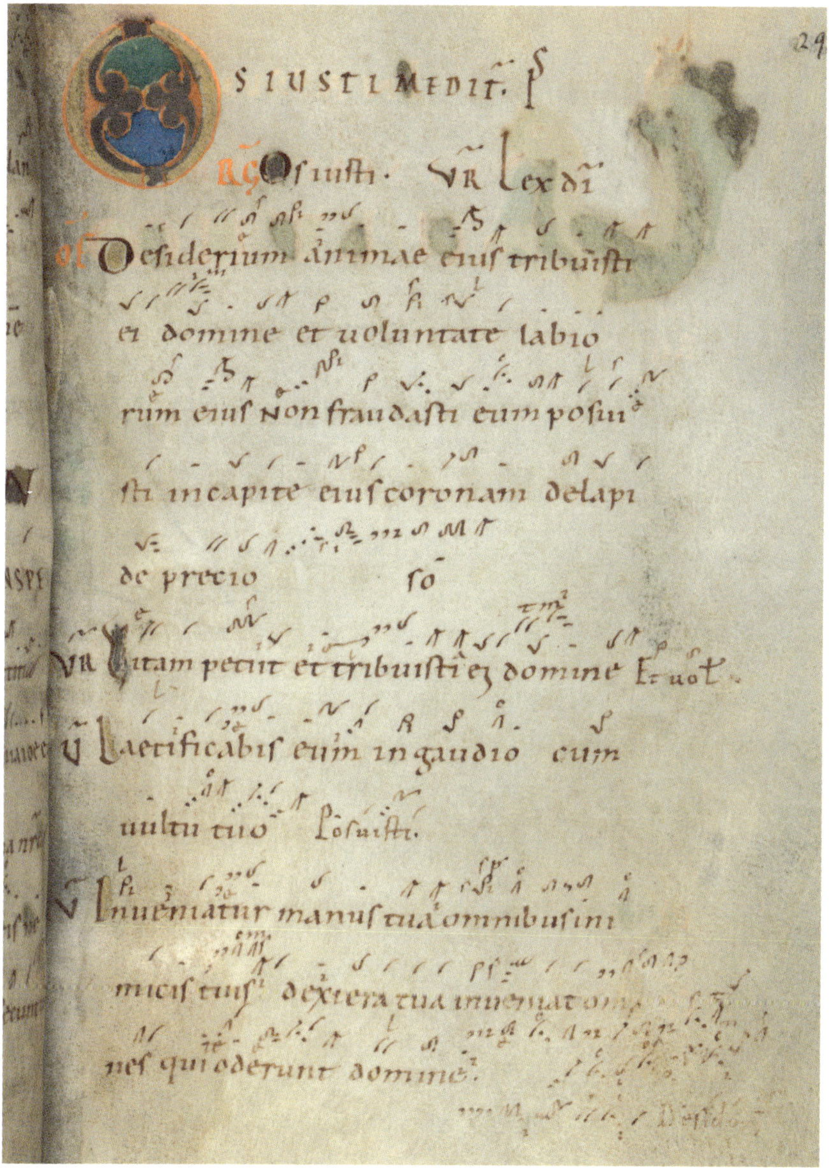

Offertorium *Desiderium animae* aus Einsiedeln, Codex 121, p. 291, 2. Hälfte 10. Jh., Stiftsbibliothek Einsiedeln.

aus dem 5. oder 6. Jh. Der wichtigste Grundsatz für das Leben im Kloster ist gemäß der Regel Benedikts die Gottsuche des Mönchs, die ein Leben lang andauern soll. Ein weiterer wichtiger Grundsatz besteht in der sog. „Discretio“, dem Sinn für das rechte Maß, der sowohl vom Abt und weiteren Mönchen in leitender Funktion als auch von allen Brüdern in ihrer Beziehung untereinander verlangt wird. Schließlich soll das Leben im Kloster bestimmt sein von den täglich zu verrichtenden Gottesdiensten, denen nichts vorgezogen werden darf. Das oft zitierte „ora et labora“ (bete und arbeite!) findet sich so zwar nicht in der Regula Benedicti, trifft aber ziemlich genau ein zentrales Wesensmerkmal benediktinischen Ordenslebens gemäß den Absichten und Vorschriften des hl. Benedikt. Das wichtigste dieser drei Wörter ist das unscheinbare Wort „et“ (und). Es geht darum, eine innere Verbindung herzustellen zwischen dem Gebet *und* der Arbeit, zwischen geistlicher Betätigung *und* profanem Alltag. Auf diese Weise soll der in bewusster Gegenwart Gottes verbrachte profane Alltag zum immerwährenden Gebet werden und soll der täglich zu verrichtende Gottesdienst als „opus Dei“ verstanden werden, als Dienstleistung, die der Mensch seinem Schöpfer schuldet.

Der Regula Benedicti wohnt zweifellos ein gewisser patriarchalischer Zug inne, jedoch vermischt mit einer „demokratischen“ Note. So liegt in allen Dingen die letzte Entscheidungsbefugnis beim Abt. Dieser soll aber bei wichtigen Dingen den Rat der Brüder einholen. So ist Benedikt von Nursia zum Gründer und Vater des abendländischen Mönchtums geworden. Seine Regel war das ganze Mittelalter über – nach der Bibel – das meistgelesene Buch. Und nach dieser Regel leben heute noch alle Benediktiner und Benediktinerinnen auf der ganzen Welt und die Mitglieder der benediktinischen Reformorden, die Zisterzienser und Trappisten. Papst Paul VI. hat im Jahr 1964 den hl. Benedikt zum Patron Europas ernannt und seinen Gedenktag am 11. Juli für Europa in den Rang eines Festes erhoben.

In den mittelalterlichen gregorianischen Handschriften sind zwei Feste des hl. Benedikt bezeugt: das Fest des „Transitus“, des Heimgangs am 21. März, und das Fest der „Translatio“ am 11. Juli, dem Tag der (vermeintlichen, sehr unwahrscheinlichen) Übertragung der Gebeine des hl. Benedikt im 7. Jh. von Montecassino nach Fleury in Frankreich. Die Benediktiner feiern auch heute noch beide Feste, wobei sie am 11. Juli nicht mehr der (wohl fälschlichen) Übertragung der Gebeine von Montecassino nach Fleury gedenken, sondern Benedikt, den Patron Europas bzw. – außerhalb Europas – den Vater des abendländischen Mönchtums ehren. Die mittelalterlichen Handschriften stimmen bezüglich der Auswahl der Messgesänge am Fest des hl. Benedikt am 11. Juli nicht überein. Deshalb erschien es mir ratsam, auf die in den aktuellen Choralbüchern angebotenen Gesänge zurückzugreifen. Auch wenn diese nur zum Teil mit den Angaben der alten Handschriften übereinstimmen, so sind es durchweg Gesänge, die dem klassischen Kernrepertoire des Gregorianischen Chorals angehören. Der Introitus *Os iusti* preist mit den Worten des Ps 36(37) die Weisheit, die das Sinnen und Trachten des Gerechten beherrscht und die ihn dazu befähigt, dass Mund und Zunge aussprechen, was rechtens ist. „Sapientia“ (Weisheit) ist hier das zentrale Wort, das der Komponist bei aller Schlichtheit der Melodieführung des ganzen Stückes etwas heraushebt. Das Graduale *Domine, praevenisti eum* mit Text aus Ps 20(21) singt im Chorstück vom süßen Segen, mit dem Gott dem frommen Menschen zuvorgekommen ist und der darin besteht, dass Gott ihm eine Krone aus kostbarem Edelstein aufgesetzt hat. Hier überragt die Vertonung des Wortes „benedictionibus“ (mit [süßem] Segen) das gesamte übrige melodische Geschehen. Dass dieser Segen Gottes die Verheißung eines erfüllten und langen Lebens beinhaltet, unterstreicht der Solovers auf nachdrückliche Weise, durch weitläufige melismatische Ausschmückungen der Worte „Vitam“ (Leben) und „saeculi“ ([in alle] Ewigkeit). Der Gerechte bringt reiche Frucht wie eine Zeder (des Libanon), so heißt es im Text aus Ps 91(92) des Alleluia mit Vers *Iustus ut palma*. Das Bild der Zeder hat es dem Komponisten sosehr angetan, dass er es mit einem nicht enden wollenden Melisma ausgestattet hat. Im Offertorium *Desiderium animae eius* mit

Text aus Ps 20(21) ist von der Sehnsucht („desiderium") die Rede, die Gott in das Herz des Menschen eingepflanzt hat. Diese Sehnsucht ist, im Lichte der Benediktsregel interpretiert, gleichzusetzen mit der Gottsuche des Mönchs, die nie aufhören darf. Wer diese Sehnsucht lebt, erhält dafür von Gott den Lohn, hier im Bild der Krone aus kostbarem Edelstein („coronam de lapide pretioso"). Diese letzte Passage des Textes, „coronam de lapide pretioso", ist denn auch als musikalischer Höhepunkt des ganzen Stückes gestaltet, mit rhythmisch gewichtigen Tönen bei dem Wort „lapide" und einem langen Melisma auf der Akzentsilbe des Wortes „pretióso". Die Communio *Fidelis servus* wurde bereits im Zusammenhang mit den Messgesängen am Gedenktag des hl. Papstes Gregor des Großen kommentiert. An ihrer Stelle lege ich hier eine kurze Besprechung der Communio *Semel iuravi* vor, die in den Eigenmessen des Benediktinerordens für das Fest am 11. Juli vorgesehen ist. Im Text aus Ps 88(89) ist die Rede vom Schwur, den Gott für David, seinen Erwählten, geleistet hat, und in dem er David eine Nachkommenschaft verheißt, die für immer bleiben wird („semen eius in aeternum manebit"). Ja, und sein Thron wird strahlen wie die Sonne („et sedes eius sicut sol ..."), wie nicht zuletzt auch in der Vertonung durch den alles überragenden melodischen Höhepunkt bei dem Wort „sol" (Sonne) eindrucksvoll unterstrichen wird. Was für ein schönes Bild für die alle Zeiten überdauernde Bedeutung des heiligen Ordensvaters Benedikt und für seine Söhne und Töchter, die dem Erbe ihres Gründers über die Jahrhunderte bis zum heutigen Tag treu geblieben sind und sich diesem Erbe als Auftrag für alle Zukunft verpflichtet wissen!

GESANGSTEXTE

Introitus *Os iusti* – Ps 36(37),30.31; V. Ps 36(37),1

Os iusti meditabitur sapientiam, et lingua eius loquetur iudicium: lex Dei eius in corde ipsius.	Der Mund des Gerechten sinnt Weisheit, und seine Zunge redet recht. Das Gesetz seines Gottes ist in seinem Herzen.

V. Noli aemulari in: malignantibus neque zelaveris facientes iniquitatem.	V. Ereifere dich nicht über die Übeltäter und beneide nicht diejenigen, die Unrecht tun.

Graduale *Domine, praevenisti eum* – Ps 20(21),4; V. Ps 20(21),5

Domine, praevenisti eum in benedictionibus dulcedinis: posuisti in capite eius coronam de lapide pretioso.	Herr, du kamst ihm zuvor mit süßem Segen, du hast auf sein Haupt eine Krone aus kostbarem Edelstein gesetzt.
V. Vitam petiit, et tribuisti ei longitudinem dierum in saeculum saeculi.	V. Leben erbat er, und du teiltest ihm Länge der Tage zu in alle Ewigkeit.

Alleluia / V. *Iustus ut palma* – Ps 91(92),13

Alleluia.	Alleluia.
V. Iustus ut palma florebit, et sicut cedrus multiplicabitur.	V. Der Gerechte wird blühen wie eine Palme, und wie eine Zeder wird er sich vermehren.

Offertorium *Desiderium animae eius* – Ps 20(21),3.4

Desiderium animae eius tribuisti ei, Domine, et voluntate labiorum eius non fraudasti eum: posuisti in capite eius coronam de lapide pretioso.	Die Sehnsucht seiner Seele hast du ihm eingepflanzt, Herr, und was seine Lippen wollten, hast du ihm nicht versagt. Du hast auf sein Haupt eine Krone aus kostbarem Edelstein gesetzt.

Communio *Semel iuravi* – Ps 88(89),36.37.38; V. Ps 88(89),4

Semel iuravi in sancto meo: semen eius in aeternum manebit: et sedes eius sicut sol in conspectu meo, et sicut luna perfecta in aeternum: et testis in caelo fidelis.	Ein für allemal habe ich bei meiner Heiligkeit geschworen: Seine Nachkommen werden auf ewig bleiben, und sein Thron wird vor mir sein wie die Sonne, und er wird bestehen wie der Mond, der für die Ewigkeit geschaffen und der ein verlässlicher Zeuge am Himmel ist.

V. Disposui testamentum	V. Ich stellte einen Bund
electis meis:	für meine Auserwählten auf,
iuravi David	ich habe David,
servo meo.	meinem Knecht, geschworen.

ANHANG

Vorbemerkung

Am Ende dieses Buches bietet es sich an, das Interesse des Lesers und der Leserin noch auf ein Fest zu lenken, das gleichsam als Zusammenfassung aller bisher vorgestellten und besprochenen Heiligenfeste stehen kann: das Hochfest Allerheiligen am 1. November. Es wurde bereits in der Vorgängeredition „Das Kirchenjahr im Gregorianischen Choral“ behandelt. Dennoch erschien es mir sinnvoll, die dortigen Ausführungen zusammen mit den entsprechenden Gesangstexten hier noch einmal anzubieten. Damit möchte ich allen Heiligen ein ehrenvolles Gedenken widmen, neben den in diesem Buch genannten auch allen darin nicht genannten Heiligen aller Zeiten, auch jenen, die nicht „zur Ehre der Altäre“ gelangt sind. Und in dieses ehrende Gedenken möchte ich nicht zuletzt auch die noch unter uns lebenden Heiligen von heute einschließen, von denen niemand spricht, die aber verstanden haben, worauf es im Verhältnis zwischen Gott und dem Menschen und im Zusammenleben der Menschen untereinander letztlich ankommt: die Liebe. In der Tat, es ist der tiefste Sinn des Christseins sowie menschlichen Lebens allgemein, sich von Gott geliebt zu wissen, diese Liebe Gottes zu erwidern und weiterzugeben an alle Mitmenschen und die gesamte Schöpfung. – Der Hymnus Te Deum laudamus, hier im Anschluss an das Hochfest Allerheiligen, ist ein Lobpreis, den alle Heiligen Gott entrichten. Sein Text macht deutlich, was letztlich Sinn und Ziel jeglicher Heiligenverehrung ist: die Verehrung und der Lobpreis Gottes, der in den Heiligen Großes gewirkt hat.

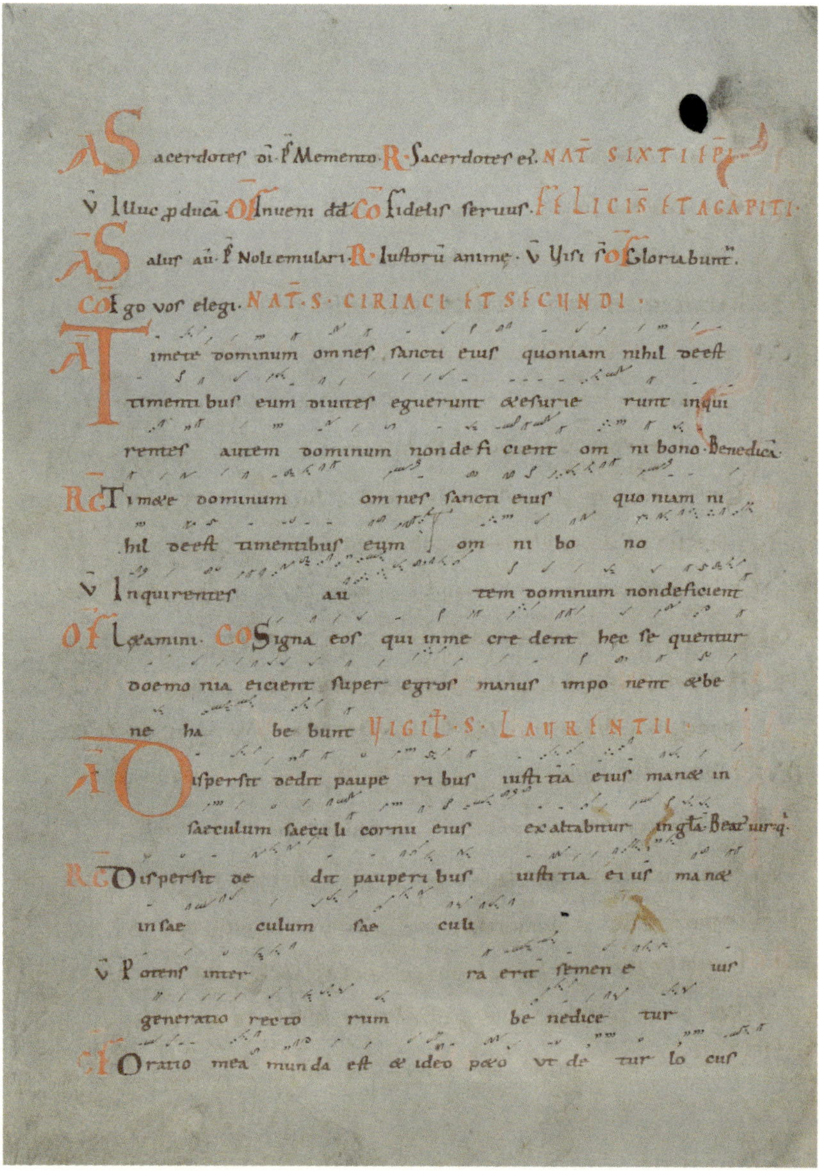

Graduale *Timete Dominum* aus St. Gallen, Codex 339, p. 135, Ende 10./Anfang 11. Jh., Stiftsbibliothek St. Gallen.

Hochfest Allerheiligen am 1. November

Spuren der Entstehung und Entwicklung des Festes Allerheiligen im Abendland führen nach Rom, wo zu Beginn des 7. Jhs. das im Andenken an Kaiser Augustus erbaute Pantheon zu einer christlichen Kirche zu Ehren der Gottesmutter Maria und aller heiligen Märtyrer geweiht wurde. Im 9. Jh. wurde das Fest im Frankenreich eingeführt. Erstaunlich ist aber, dass es in den ältesten Messantiphonalien mit musikalischer Notation seit Beginn des 10. Jhs. so gut wie nicht vorkommt. Dies kann man auch daran erkennen, dass mit Ausnahme des Graduale *Timete Dominum* kein weiteres Stück des aktuellen Messpropriums dem Kernrepertoire des Gregorianischen Chorals angehört. Und auch das Graduale *Timete Dominum* ist ursprünglich nicht mehreren, geschweige denn allen Heiligen gewidmet, sondern dem Gedenktag eines einzigen Heiligen, des hl. Cyriakus, zugewiesen. Auf Anfrage an den Liturgiewissenschaftler Frans Kok kam sinngemäß folgende Antwort zurück: Die Tatsache, dass das Fest Allerheiligen aus der Zelebration der Weihe des Pantheon zu einer christlichen Kirche hervorgegangen ist, hat wohl dazu geführt, dass man noch bis hinauf ins 10. Jh. bei dem Messproprium für eine Kirchweihe (mit Introitus *Terribilis est locus iste* usw.) geblieben ist, obwohl zu diesem Zeitpunkt das Fest Allerheiligen bereits eingeführt war.

Das ältere Vorbild für den Introitus *Gaudeamus ... Sanctorum omnium* ist der Introitus für den Gedenktag der hl. Agatha am 5. Februar. In der Tat ist der Melodieverlauf in beiden Gesängen identisch. Lediglich im Text fand an zwei Stellen eine Aktualisierung für das Fest Allerheiligen statt: „sub honore Sanctorum omnium" (zur Ehre aller Heiligen) statt „sub honore Agathae martyris" (zur Ehre der Märtyrin Agatha) und „de quorum solemnitate ..." (über deren Festfeier ...) statt „de cuius passione ..." (über deren Leiden ...). Diese beiden Stellen wurden denn auch – genau wie im älteren Vorbild – mit musikalischen Höhepunkten ausgestattet.

Auch im Graduale *Timete Dominum* fällt einer der musikalischen Höhepunkte mit der Nennung aller Heiligen („omnes sancti") zusammen. Ein weiterer, sehr emphatischer und aus dem melodischen Umfeld steil aufragender Höhepunkt findet sich bei dem Wort „nihil" ([denn] nichts [fehlt denen, die ihn fürchten]) im Chorstück. Die dadurch ausgedrückte tröstliche Botschaft, dass es dem Gottesfürchtigen an nichts mangelt, durchzieht dann auch den Solovers, sodass der Gesang in all seinen Teilen zu einer einzigen Ermutigung wird, sein Leben auf Gott auszurichten, um von ihm die Erfüllung all dessen zu erlangen, was das Leben lebenswert macht. Das in den gregorianischen Handschriften erst seit dem 11. Jh. bezeugte Alleluia mit Vers *Venite ad me* ist eine Einladung an alle Mühseligen und Beladenen („omnes qui laboratis et onerati estis") – man beachte den musikalischen und emphatischen Höhepunkt bei dem Wort „laboratis" –, sich vertrauensvoll an Gott zu wenden, um von ihm neu belebt zu werden („reficiam vos" – ich will euch neu erschaffen).

Das Offertorium *Iustorum animae* ist eine ebenfalls seit dem 11. Jh. bezeugte, sehr gelungene Adaptation älterer Vorbilder, des Offertoriums *Viri Galilaei* vom Fest Christi Himmelfahrt und vor allem des Offertoriums *Stetit Angelus* vom Fest des Erzengels Michael. Atmosphärische Kontraste zwischen Phasen temperamentvollen Aufschwungs und Phasen der Ruhe ziehen sich durch die ganze Komposition, so ganz besonders bei der Textstelle „illi autem sunt in pace" (sie aber sind in Frieden). Sehr spärlich bezeugt in den mittelalterlichen Handschriften ist die Communio *Beati mundo corde*, in der drei der Seligpreisungen aus der Bergpredigt vertont sind. Der Melodieverlauf im I. Modus strebt mit stetig zunehmender Dynamik zielgerichtet auf den Höhepunkt beim dritten „beati" (selig ...!) zu und kommt im Schlussteil in allmählich absteigenden Tonbewegungen zur Ruhe.

GESANGSTEXTE

Introitus *Gaudeamus ... Sanctorum omnium* – V. Ps 32(33),1

Gaudeamus omnes in Domino, diem festum celebrantes sub honore Sanctorum omnium: de quorum solemnitate gaudent Angeli, et collaudant Filium Dei.	Freuen wir uns alle im Herrn, die wir das Fest zu Ehren aller Heiligen feiern. Über deren festliche Feier freuen sich die Engel und loben den Sohn Gottes.
V. Exsultate iusti in Domino: rectos decet collaudatio.	V. Jubelt, ihr Gerechten, im Herrn, den Redlichen geziemt der Lobgesang.

Graduale *Timete Dominum* – Ps 33(34),10; V. Ps 33(34),11

Timete Dominum omnes sancti eius: quoniam nihil deest timentibus eum.	Fürchtet den Herrn, ihr alle seine Heiligen, denn an nichts mangelt es denen, die ihn fürchten.
V. Inquirentes autem Dominum non deficient omni bono.	V. Die aber den Herrn suchen, denen wird es an nichts Gutem fehlen.

Alleluia / V. *Venite ad me* – Mt 11,28

Alleluia.	Alleluia.
V. Venite ad me, omnes qui laboratis, et onerati estis: et ego reficiam vos.	V. Kommt zu mir, alle die ihr Mühsal erleidet und beladen seid. Ich will euch neu erschaffen.

Offertorium *Iustorum animae* – Weish 3,1.2.3

Iustorum animae in manu Dei sunt, et non tanget illos tormentum mortis: visi sunt oculis insipientium mori: illi autem sunt in pace, alleluia.	Der Gerechten Seelen sind in der Hand Gottes, und nicht berührt sie die Marter des Todes. Sie schienen den Augen der Toren zu sterben, doch sie sind in Frieden, alleluia.

Communio *Beati mundo corde* – Mt 5,8.9.10; V. Ps 125(126),1

Beati mundo corde, quoniam ipsi Deum videbunt:	Selig, die reinen Herzens sind, denn sie werden Gott schauen.

beati pacifici, quoniam filii Dei vocabuntur: beati
qui persecutionen patiuntur propter iustitiam, quoniam ipsorum est regnum caelorum.

V. In convertendo Dominus captivitatem Sion: facti sumus sicut consolati.

Selig die Friedfertigen, denn sie werden Söhne Gottes genannt werden. Selig, die Verfolgung erleiden um der Gerechtigkeit willen, denn ihrer ist das Himmelreich.

V. Als der Herr die Gefangenenschaft Zions wendete, da wurden wir wie Getröstete.

Hymnus *Te Deum laudamus*

Ganz zum Schluss fügt es sich gut, noch einen Blick auf den Hymnus *Te Deum laudamus* zu werfen, da an zentraler Stelle dieses Hymnus vom Lobgesang die Rede ist, den die Engelchöre, die Apostel, Propheten und Märtyrer als Repräsentanten der Heiligen des Himmels zusammen mit der ganzen Kirche Gott darbringen. Mittelalterlicher Tradition zufolge geht der Hymnus auf das 4. Jh. zurück und wird in Verbindung mit den Kirchenvätern Ambrosius und Augustinus gebracht. Darauf scheint die auch heute noch übliche Bezeichnung als „Hymnus Ambrosianus“ (ambrosianischer Lobgesang) hinzuweisen. In neuerer Zeit wird auch Niketas, Bischof von Remesiana, als Verfasser genannt.

Der Text des Te Deum erinnert an das Gloria der Messe. So folgt auch hier – wie im Gloria – dem Lobpreis Gottes des Vaters der Lobpreis Christi, der dann in den Lobpreis des Heiligen Geistes einmündet. Dabei wird das Christuslob auf die wichtigsten heilsgeschichtlichen Aspekte seines Erlösungswerkes ausgeweitet, was Martin Luther bewogen hat, diesen Hymnus neben dem Nizäno – Konstantinopolitanischen und Apostolischen als drittes Glaubensbekenntnis anzuerkennen.

Das gregorianische Te Deum liegt in drei unterschiedlichen Melodiefassungen vor: dem Tonus sollemnis, dem Tonus simplex und dem Tonus iuxta morem Romanum. Davon stellt der Tonus sollemnis die älteste Fassung dar, die bereits im 9. Jh. bezeugt ist. Sie weist überwiegend psalmodische Strukturen auf, die im übrigen sehr stark an das Gloria XV der Editio Vaticana erinnern. – Seit alter Zeit ist das Te Deum Bestandteil des Stundengebetes, wo es an Sonntagen außerhalb der Advents- und Fastenzeit und an Festen am Ende der Matutin (Lesehore) gesungen wird. Darüber hinaus ist es häufig für Gottesdienste und Andachten zum Dank an Gott für erwiesene Heilstaten sowie für bestimmte Weihehandlungen vorgesehen.

GESANGSTEXT

Te Deum laudamus:	Dich, Gott, loben wir,
te Dominum confitemur.	dich, Herr, preisen wir.
Te aeternum Patrem	Dir, dem ewigen Vater, bringt
omnis terra veneratur.	die ganze Erde Lob und Ehre dar.
Tibi omnes Angeli,	Dir rufen alle Engel,
tibi caeli et universae potestates:	dir die Himmel und alle Mächte,
Tibi Cherubim et Seraphim	dir die Cherubim und Seraphim
incessabili voce proclamant:	mit unablässiger Stimme zu:
Sanctus: Sanctus: Sanctus	Heilig, heilig, heilig
Dominus Deus Sabaoth.	ist der Herr, der Gott Sabaoth.
Pleni sunt caeli et terra	Voll sind Himmel und Erde von
maiestatis gloriae tuae.	der Majestät deiner Herrlichkeit.
Te gloriosus Apostolorum	Dich lobt der glorreiche Chor
chorus: Te Prophetarum	der Apostel, dich die
laudabilis numerus:	lobwürdige Schar der Propheten,
Te Martyrum candidatus	dich das glänzende
laudat exercitus.	Heer der Märtyrer.
Te per orbem terrarum	Dich preist auf dem ganzen
sancta confitetur Ecclesia:	Erdkreis die heilige Kirche:
Patrem immensae maiestatis:	dich, den Vater unermesslicher
Venerandum tuum verum,	Majestät, deinen ehrwürdigen,
et unicum Filium:	wahren und einzigen Sohn,
Sanctum quoque	auch den Tröster,
Paraclitum Spiritum.	den Heiligen Geist.
Tu Rex gloriae, Christe.	Du bist der König der Herrlichkeit,
Tu Patris sempiternus	Christus. Du bist des Vaters
es Filius. Tu ad	ewiger Sohn. Du hast, um zu
liberandum suscepturus	befreien den Menschen, Menschen-
hominem, non horruisti	gestalt angenommen, nicht ver-
Virginis uterum.	schmäht den Schoß der Jungfrau.
Tu devicto mortis aculeo,	Du hast den Stachel des Todes
aperuisti credentibus	besiegt, den Glaubenden die
regna caelorum.	Reiche der Himmel erschlossen.
Tu ad dexteram Dei sedes,	Du sitzest zur Rechten Gottes,

in gloria Patris.
Iudex crederis
esse venturus.
Te ergo quaesumus,
tuis famulis subveni,
quos pretioso sanguine
redemisti. Aeterna fac
cum sanctis tuis
in gloria numerari.
Salvum fac populum tuum
Domine, et benedic haereditati
tuae. Et rege eos, et extolle
illos usque in aeternum.
Per singulos dies, benedicimus te.
Et laudamus nomen tuum in
saeculum, et in saeculum saeculi.
Dignare Domine die isto
sine peccato nos custodire.
Miserere nostri Domine,
miserere nostri.
Fiat misericordia tua
Domine super nos,
quemadmodum speravimus in te.
In te Domine speravi:
non confundar
in aeternum.

in der Herrlichkeit des Vaters.
Du wirst als Richter wieder-
kommen, so glauben wir.
So bitten wir dich,
komm deinen Dienern zu Hilfe,
die du durch kostbares Blut
erlöst hast. In der ewigen
Herrlichkeit zähle uns
deinen Heiligen zu.
Rette dein Volk, o Herr,
und segne dein Erbe.
Und leite sie und erhebe
sie für immer.
An allen Tagen preisen wir dich,
und wir loben deinen Namen
von Ewigkeit zu Ewigkeit.
In Huld gewähre uns, o Herr, dass
du uns an diesem Tag ohne Sünde
bewahrst. Erbarme dich unser,
Herr, erbarme dich unser.
Deine Barmherzigkeit geschehe
an uns, o Herr, so wie
wir auf dich gehofft haben.
Auf dich, Herr, habe ich
gehofft, so werde ich
auf ewig nicht zuschanden.

INDEX ALLER BESPROCHENEN GESÄNGE

Introitus

Graduale

Tractus

Alleluia-Verse

Offertorium

Communio

CDs „Heiligenfeste im Gregorianischen Choral“

Von den insgesamt 50 in diesem Buch vorgestellten Heiligenfesten wurden bisher 12 mit ihren jeweiligen Messproprien eingespielt und sind als CDs verfügbar, die Einspielung von 6 weiteren Heiligenfesten mit ihren Messproprien sind in Vorbereitung. Die CDs können über den EOS-Verlag Sankt Ottilien (www.eos-audio.com) oder über den Handel bezogen werden.

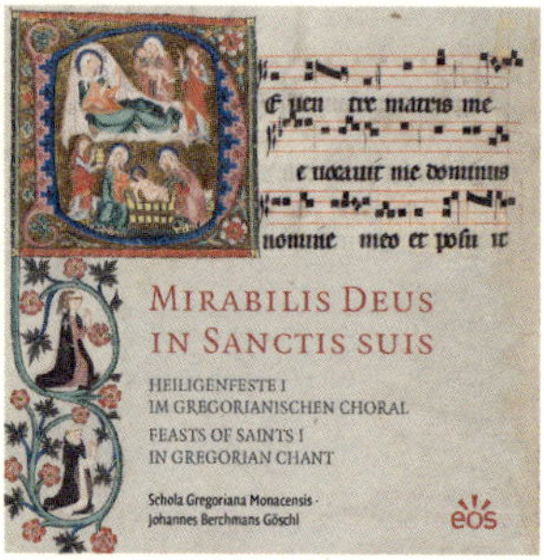

Mirabilis Deus in Sanctis suis.
Heiligenfeste I im Gregorianischen Choral
Lucia, Stephanus, Johannes d. Täufer, Petrus und Paulus, Cäcilia

Schola Gregoriana Monacensis,
Leitung: Johannes B. Göschl
ISBN 978-3-8306-8169-4

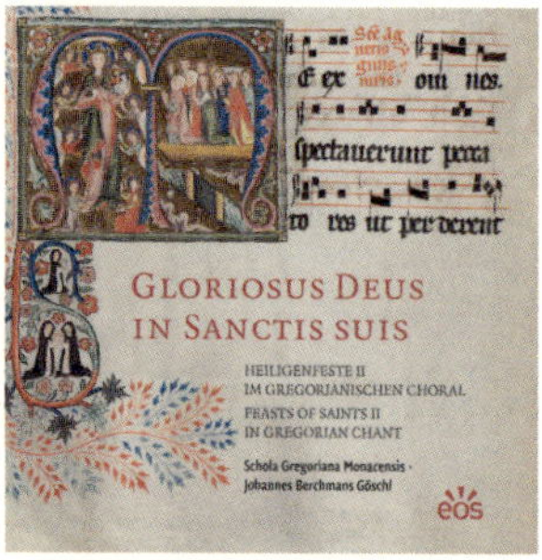

Gloriosus Deus in Sanctis suis.
Heiligenfeste II im Gregorianischen Choral
Johannes Evangelist, Sebastian, Agnes, Agatha, Laurentius, Michael

Schola Gregoriana Monacensis
Leitung: Johannes B. Göschl
ISBN 978-3-8306-8220-2

Exsultabunt Sancti in gloria.
Heiligenfeste III im Gregorianischen Choral
Unschuldige Kinder, Philippus und Jakobus, Maria Magdalena, Simon und Judas, Martin, Andreas

Schola Gregoriana Monacensis
Leitung: Johannes B. Göschl
ISBN 978-3-8306-8242-4

Johannes Berchmans Göschl

Das Kirchenjahr im Gregorianischen Choral I

Die Messgesänge aller Sonn- und höchsten Festtage

348 Seiten, Farbabbildungen, 3-978-8306-8072-7

Dieses Buch will einen Überblick über das Repertoire der gregorianischen Messproprien aller Sonntage und höchsten Festtage entlang des Kirchenjahres vermitteln. Ein Schwerpunkt liegt dabei auf der engen Beziehung zwischen Wort und Ton, zwischen Text und Melodie, die den Choralgesang auszeichnet. Darüber hinaus enthält es informative Hinweise auf die liturgiegeschichtlichen Zusammenhänge des gregorianischen Repertoires und seiner Verortung im Kirchenjahr. Es wendet sich an alle, denen ein Leben mit der Liturgie der Kirche im Ablauf eines Jahres ein existenzielles Anliegen ist und die das persönliche Bedürfnis haben, mehr über das Wesen des Gregorianischen Chorals und dessen Stellenwert in den liturgischen Feiern des Kirchenjahres zu erfahren.

www.eos-books.com

Prope est Dominus.
Der Advent im Gregorianischen Choral
Schola Gregoriana Monacensis
Leitung: Johannes B. Göschl
ISBN 978-3-8306-7456-6

Exsulta Filia Sion.
Weihnachten und Epiphanie
im Gregorianischen Choral
Schola Gregoriana Monacensis
Leitung: Johannes B. Göschl
ISBN 978-3-8306-7409-2

Lumen ad revelationem gentium.
Die nachweihnachtlichen Sonn- und Festtage
im Gregorianischen Choral
Ensemble Graces & Voices
Leitung: Franz Karl Prassl
ISBN 978-3-8306-7638-6

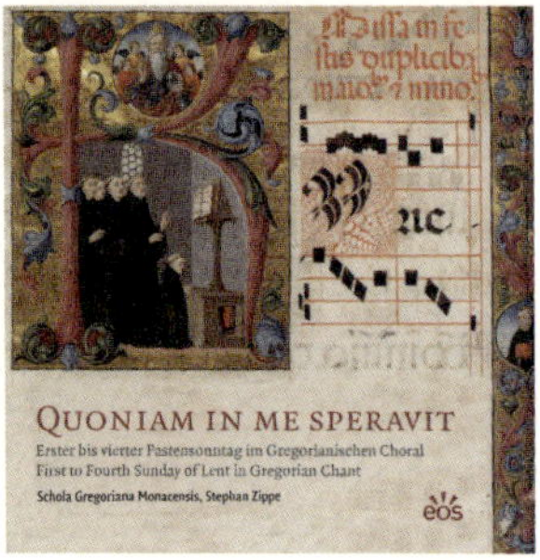

Quoniam in me speravit.
Erster bis vierter Fastensonntag
im Gregorianischen Choral
Schola Gregoriana Monacensis
Leitung: Stephan Zippe
ISBN 978-3-8306-7572-3

Hosanna Filio David.
Fünfter Fastensonntag und Karwoche im Gregorianischen Choral

Schola Gregoriana Monacensis
Leitung: Johannes B. Göschl
ISBN 978-3-8306-7523-5

Resurrexi.
Ostern im Gregorianischen Choral

Consortium Vocale Oslo
Leitung: Alexander M. Schweitzer
ISBN 978-3-8306-7542-6

Vocem iucunditatis.
Vierter Ostersonntag bis Pfingsten im Gregorianischen Choral

Ensemble Graces & Voices
Leitung: Franz Karl Prassl
ISBN 978-3-8306-7592-1

In excelso Throno.
Sonntag im Jahreskreis I–V und XXXIII im Gregorianischen Choral

Schola Gregoriana Monacensis
Leitung: Johannes B. Göschl
ISBN 978-3-8306-7637-9

Salvum me fecit.
Sonntag im Jahreskreis VI–X
im Gregorianischen Choral

Consortium Vocale Oslo
Leitung: Alexander M. Schweitzer
ISBN 978-3-8306-7784-0

Gustate et videte.
Sonntag im Jahreskreis XI–XV
im Gregorianischen Choral

Schola Gregoriana Monacensis
Leitung: Johannes B. Göschl
ISBN 978-3-8306-7698-0

Refloruit caro mea.
Sonntag im Jahreskreis XVI–XX und XXXI
im Gregorianischen Choral

Schola Gregoriana Monacensis
Leitung: Johannes B. Göschl
ISBN 978-3-8306-7770-3

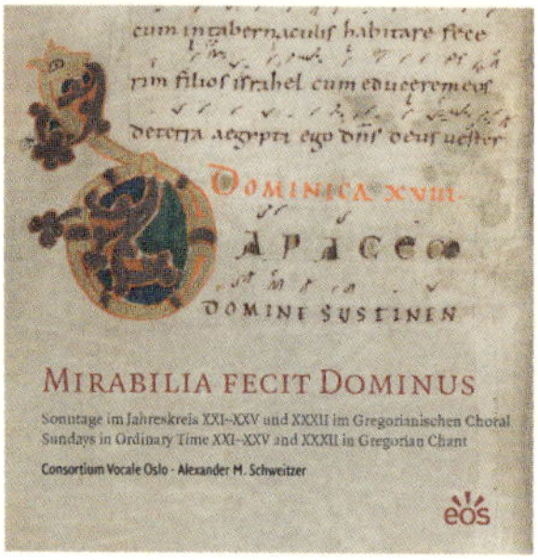

Mirabilia fecit Dominus.
Sonntag im Jahreskreis XXI–XXV und XXXII
im Gregorianischen Choral

Consortium Vocale Oslo
Leitung: Alexander M. Schweitzer
ISBN 978-3-8306-7819-9

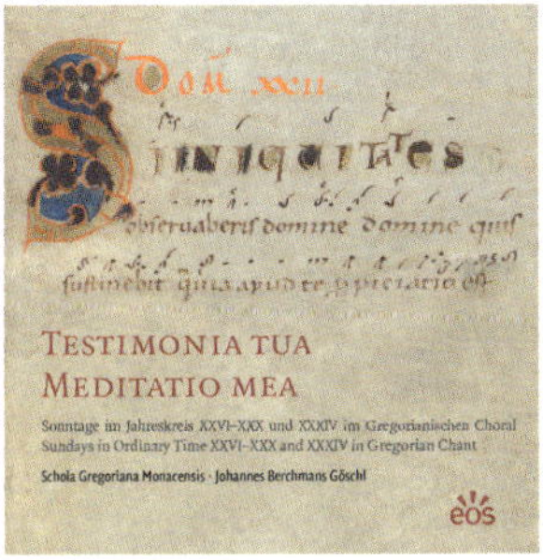

Testimonia tua meditatio mea.
Sonntag im Jahreskreis XXVI–XXX und XXXIV
im Gregorianischen Choral
Schola Gregoriana Monacensis
Leitung: Johannes B. Göschl
ISBN 978-3-8306-7797-0

Sitivit in te anima mea.
Aschermittwoch, Mariä Himmelfahrt, Allerheiligen und Totenliturgie im Gregorianischen Choral
Schola Gregoriana Monacensis
Leitung: Johannes B. Göschl
ISBN 978-3-8306-7847-2

Caritas Dei diffusa est.
Die Hochfeste Dreifaltigkeit, Fronleichnam,
Herz Jesu, Christkönig und Kirchweihe
im Gregorianischen Choral
Schola Gregoriana Monacensis
Leitung: Johannes B. Göschl
ISBN 978-3-8306-7864-9

Vultum tuum.
Maria im Gregorianischen Choral
Consortium Vocale Oslo
Leitung: Alexander M. Schweitzer
ISBN 978-3-8306-4030-1